Buchführung

Horst-Dieter Radke (Teil 1)
Iris Thomsen (Teil 2)

HAUFE.

Inhalt

Teil 1: Praxiswissen Buchführung

Wofür Buchführung? 7
- Die Buchführung im betrieblichen Zusammenhang 8
- Wer muss Bücher führen? 10
- Was heißt: doppelte Buchführung? 13
- Wie die Buchhaltung organisiert wird 16
- Die Buchhaltung mit der EDV führen 21

Von der Inventur über die Bilanz zum Konto 25
- Eine Bestandsaufnahme machen 26
- Zur Eröffnung wird Bilanz gemacht 30
- Die Bilanz in Konten auflösen 34
- Der richtige Rahmen für die Konten 39

Wie Sie richtig buchen 43
- Was ist ein Buchungssatz? 44
- Buchen auf Bestandskonten 47
- Der Buchungskreislauf 50
- Kosten und Erlöse buchen 54
- Wie die Umsatzsteuer gebucht wird 59
- Wie Sie die sonstigen Unternehmenssteuern buchen 67
- Richtig buchen im Waren- und Zahlungsverkehr 69
- Wie Sie Personalbuchungen durchführen 85
- Der richtige Umgang mit dem Privatkonto 88

Der Jahresabschluss 91
- Was heißt hier „abgeschrieben"? 92
- Wann sind Rückstellungen und Abgrenzungen vorzunehmen? 99
- Bewertungen sind notwendig 105
- Was wird mit dem Gewinn gemacht? 110
- Die Analyse des Jahresabschlusses 113

Teil 2: Training Buchführung

Die Buchführung beginnen 119

- Die richtige Art der Gewinnermittlung finden 121
- Die Besonderheiten der Bilanzierung kennen 125
- Die Besonderheiten der Einnahme-Überschuss-rechnung kennen 129
- Die Kontenarten richtig zuordnen 131

Die doppelte Buchführung beherrschen 147

- Buchungssätze erstellen 149
- Den richtigen Kontenrahmen finden 153
- Eröffnungsbuchungen zu Beginn des Geschäftsjahres 159
- Geschäftsvorfälle richtig buchen 165
- Das Geschäftsjahr abschließen 169
- Wie haben sich die Geschäfte entwickelt? 173

Die täglichen Buchungen 179
- Debitoren und Kreditoren buchen 181
- Buchen mit Umsatzsteuer und Vorsteuer 183
- Buchen verschiedener Geschäftsvorfälle 198

Das Geschäftsjahr richtig abschließen 217
- Anlagevermögen bewerten 219
- Umlaufvermögen bewerten 224
- Schulden bewerten 226
- Einnahmen abgrenzen 228
- Ausgaben abgrenzen 232

Anhang
- SKR 03/04 Kontenrahmen (DATEV) – Auszug 238
- ABC der Buchführung 243

- Stichwortverzeichnis 252

Vorwort

Dieser TaschenGuide klärt Sie über die Grundlagen der Buchführung auf und führt Sie im ersten Teil in leicht verständlichen Anleitungen Schritt für Schritt in die Thematik ein. Zahlreiche Beispiele ermöglichen Ihnen einen Einblick in die Buchungspraxis, angefangen vom Waren- und Zahlenverkehr über Steuern, Abschreibungen, Gehälter, Privatentnahmen bis zu Rückstellungen und Zinsaufwendungen.

Im zweiten Teil können Sie in über 60 Übungen die Grundregeln und wichtigsten Techniken der doppelten Buchführung trainieren, anhand von Situationen aus der Unternehmenspraxis.

Die Buchhaltung hält alle Geschäftsvorfälle, die sich auf Veränderungen des Betriebsvermögens und den Erfolg des Unternehmens auswirken, in Zahlen fest. Damit liefert sie die Daten für die Bilanz und die Gewinn- und Verlustrechnung und gewährleistet, dass zum Jahresabschluss genaue Aussagen über Vermögensstand und Geschäftserfolg des Unternehmens gemacht werden können. Grundkenntnisse der doppelten Buchführung sind daher unerlässlich für jeden, der verantwortlich in einem Unternehmen arbeitet, sei es als Selbstständiger, als Führungskraft, als leitender kaufmännischer oder technischer Angestellter oder als Mitarbeiter im Rechnungswesen.

Wofür Buchführung?

Das Bedürfnis, Aufzeichnungen über geschäftliche Vorgänge zu machen, ist fast so alt, wie das Bestreben des Menschen, zu wirtschaften. Auch das System, das wir heute doppelte Buchführung nennen, gilt seit mehr als 500 Jahren, wennschon inzwischen eine Spezialisierung stattgefunden hat. Im Rahmen des betrieblichen Rechnungswesens ist die Buchführung nur der Teil eines Ganzen, allerdings der Teil, auf dem auch der Gesetzgeber besteht.

In diesem Kapitel erfahren Sie

- in welchem betrieblichen Zusammenhang die Buchführung steht (Seite 8),
- wer zur doppelten Buchführung verpflichtet ist (S. 10) und was man unter dem Begriff versteht (S. 13),
- wie man die Buchführung in der Praxis organisiert (Seite 16),
- wie die EDV-Buchführung funktioniert (S. 21).

Die Buchführung im betrieblichen Zusammenhang

Die Buchführung ist das Zentrum eines größeren Ganzen. Dieses Ganze nennt man das **betriebliche Rechnungswesen**. Es soll ein möglichst exaktes Abbild des gesamten Unternehmensgeschehens liefern. Dabei werden nicht nur die Vermögensverhältnisse dargestellt, sondern auch lückenlos alle Vorgänge, die den Unternehmenserfolg bestimmen, aufgezeichnet. Weiterhin wertet das Rechnungswesen die vorhandenen Informationen auch aus und ist damit der Unternehmensleitung bei der Steuerung des Unternehmens dienlich.

Daten für die Bilanz und Gewinnermittlung

Das Kernstück des Rechnungswesens bildet die **Geschäfts- oder Finanzbuchhaltung**. Hier werden Aufzeichnungen über das Vermögen und die Vermögensänderungen sowie über den Werteverbrauch und Wertezuwachs gemacht. Aus ihr lässt sich der Erfolg des Unternehmens – Gewinn oder Verlust – ablesen.

Die **Kosten- und Leistungsrechnung** ergänzt die Finanzbuchhaltung; sie erfasst alle Vorgänge, die zur Erfüllung der eigentlichen betrieblichen Tätigkeit notwendig sind. Die Kosten werden dabei „neu" auf andere Konten, die so genannten Kostenstellen, verteilt und anschließend in der Kostenträgerrechnung (Kalkulation und Erfolgsrechnung) genutzt. Finanzbuchhaltung und Kosten- und Leistungsrechnung werden durch die Betriebsstatistik weiter ausgewertet. Auch Daten anderer betrieblicher Bereiche werden – soweit sie zur Verfügung stehen – zur Auswertung hinzugezogen.

Die Planungsrechnung versucht dann, in einer Vorschau für die künftige Unternehmensentwicklung eine Orientierung zu geben. In zeitgemäßen Unternehmen werden alle Bereiche durch das Controlling ausgewertet, das daraus ein betriebliches Steuerungs- und Kontrollsystem bildet, das führungsrelevante Informationen liefert.

Ausführliche Informationen zum Controlling erhalten Sie im TaschenGuide Controllinginstrumente.

> Die Buchführung erfasst systematisch alle geschäftlichen Vorgänge in Zahlen. Daraus ergibt sich der Zustand des Unternehmens in Vermögen und Schulden und die Ertragslage des Unternehmens. Die Buchführung liefert somit die Daten für die Bilanz und die Gewinn- und Verlustrechnung, für die Planung und das Controlling.

Diagramm Rechnungswesen

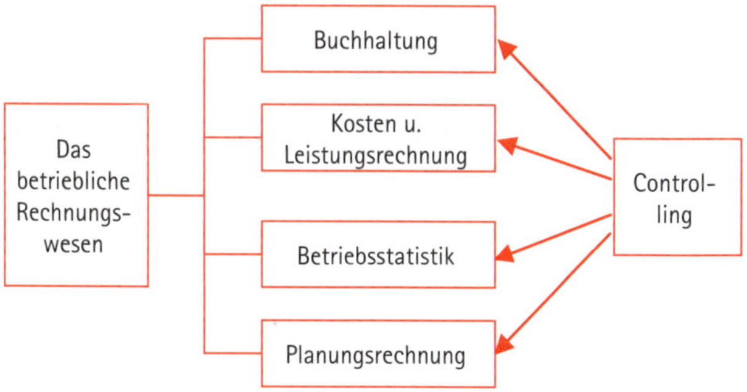

Wer muss Bücher führen?

Diese Rechtsvorschriften sind wichtig

Ein eigenes Gesetz zur Buchführungspflicht gibt es nicht. In einigen anderen Gesetzen finden Sie aber entsprechende Abschnitte und Paragraphen, welche die Pflicht zur Führung von Büchern eindeutig regeln. Insbesondere trifft das zu auf

- das Handelsgesetzbuch (HGB),
- das Bilanzrechtsmodernisierungsgesetz (BilMoG)
- die Abgabenordnung (AO),
- das Umsatzsteuergesetz (UStG),
- das Gewerbesteuergesetz (GewStG),
- das Einkommensteuergesetz (EStG) und
- das Körperschaftssteuergesetz (KStG).

Lange Zitate aus den Gesetzestexten wollen wir an dieser Stelle der Übersichtlichkeit wegen jedoch vermeiden. Im Wesentlichen kommt es auf die folgenden rechtlichen Grundsätze zur Buchführung (nach HGB § 238 Abs. 1) an:

- Jeder Kaufmann ist verpflichtet, Bücher zu führen.
- Dabei sind die Grundsätze ordnungsmäßiger Buchführung (GoBD) zu berücksichtigen (ab Seite 12).
- Ein sachverständiger Dritter muss in angemessener Zeit die Buchführung verstehen können.
- Die einzelnen Geschäftsvorfälle müssen zeitlich eingeordnet werden.

Kaufmann oder Nichtkaufmann?

Das Handelsrecht unterscheidet zwischen Kaufmann und Nichtkaufmann:

- Kaufmann ist danach jeder, von der Branche unabhängige Gewerbetreibende, dessen Betrieb einen in kaufmännischer Weise organisierten Geschäftsbetrieb erfordert.
- Nichtkaufmann ist der nicht in das Handelsregister eingetragene Gewerbetreibende, dessen Betrieb eine kaufmännische Betriebsführung nicht erfordert.

Alle Kaufleute sind verpflichtet, Bücher zu führen; lediglich Nichtkaufleuten ist dies erlassen. Erfüllt allerdings ein Nichtkaufmann eine der folgenden Voraussetzungen (nach § 141 Abgabenordnung), so muss auch er Aufzeichnungen in Form der Buchführung erstellen:

- mehr als 600.000 € Umsatz jährlich (500.000 € bis 2015)
- Gewinn aus einem Gewerbebetrieb von mehr als 60.000 € jährlich (50.000€ bis 2015).

Wann Sie von der Buchführung befreit sind

Außer den Nichtkaufleuten sind auch Freiberufler nicht buchführungspflichtig. Bei einer freiberuflichen Tätigkeit handelt es sich um eine wissenschaftliche, schriftstellerische, künstlerische, unterrichtende oder erzieherische Tätigkeit oder um einen der namentlich im Gesetz aufgeführten Katalogberufe; dazu gehören z. B. Ärzte, Rechtsanwälte, Architekten und Journalisten. Freiberufler und Nichtkaufleute müssen dem Finanzamt gegenüber die Betriebserlöse in Form einer Einnahmen-Ausgaben-Rechnung vorlegen, welche den jährlichen Betriebserlösen die Betriebsausgaben gegenüberstellt. Der Unterschied zur Bilanz liegt im Wesentlichen in der fehlenden Abgrenzung. Einnahmen und Ausgaben werden nach dem sogenannten Zufluss-Abfluss-Prinzip erfasst. Geregelt wird dies in § 4 (3) EStG.

Entscheidungsspielraum für die Auswahl eines der beiden Buchführungssysteme gibt es kaum. Allenfalls können Freiberufler und Nichtkaufleute sich entscheiden, die doppelte Buchführung einzuführen, auch wenn sie die dazu nötigen Kriterien (noch) nicht erfüllen. Andersherum geht es aber nicht: Wer nach dem Gesetz zur doppelten Buchführung verpflichtet ist, hat keine Wahlmöglichkeit.

Die Grundsätze ordnungsmäßiger Buchführung beachten

Die **Grundsätze ordnungsmäßiger Buchführung**, die sich aus § 238 HGB herauslesen lassen, sind weder als eigenständiges Gesetz noch anderweitig in zusammenhängender Form niedergeschrieben. Sie haben sich aus der Praxis und der Rechtsprechung ergeben und finden sich in vielen handels- und steuerrechtlichen Vorschriften, überwiegend im HGB:

- Der Jahresabschluss muss nach den Grundsätzen ordnungsmäßiger Buchführung aufgestellt werden (HGB § 243). Dazu gehört, dass er
  - klar und übersichtlich ist
  - eine zeitgerechte Aufstellung aufweist.

- Bilanz und Gewinn- und Verlustrechnung müssen vollständig sein (HGB § 246).
- Posten der Aktivseite dürfen nicht mit der Passivseite verrechnet werden (Verrechnungsverbot).
- Die Bücher müssen in einer verständlichen Sprache geführt werden (HGB § 239).
- Die Aufzeichnungen müssen vollständig, richtig, zeitgerecht und geordnet erfasst werden.
- Eintragungen dürfen nicht unleserlich gemacht werden.

Wer gegen die Grundsätze ordnungsmäßiger Buchführung verstößt, muss mit schwerwiegenden Folgen rechnen: Das Finanzamt kann die Besteuerungsgrundlage schätzen oder sogar Strafverfahren mit Geld- und Freiheitsstrafen einleiten.

Was heißt: doppelte Buchführung?

Für einen Vorgang zwei Buchungen

Doppelte Buchführung bedeutet nicht, dass die Buchführung doppelt gemacht werden muss – in der Art, wie man von einem Brief ein Duplikat erstellt –, sondern dass jeder Buchungsvorgang aus zwei Einzelbuchungen besteht: eine im Soll und eine im Haben (s. a. Abschnitt „Wie Sie richtig buchen" ab Seite 43).

Die einfache Buchführung bzw. Gewinnermittlung hingegen, die etwa in Form eines Kassenbuches geführt wird, weist je Vorgang nur eine Buchung auf.

Beispiel

Wird etwa ein Betrag von 200 € von der Bank abgehoben und in die Kasse gelegt, so führt das Kassenbuch einen Zugang von 200 € auf, evtl. mit dem Hinweis „Bankabhebung". In der doppelten Buchführung bucht man hingegen einmal den Betrag von 200 € auf dem Kassenkonto im Soll (mit dem Hinweis auf das Bankkonto) und noch einmal auf dem Bankkonto im Haben (mit dem Hinweis auf das Kassenkonto). Für die Kasse bedeutet die Soll-Buchung einen Zugang, für das Bankkonto bedeutet die Haben-Buchung einen Abgang.

Entsprechend haben alle Konten der Buchführung eine Soll- und eine Haben-Seite.

Die doppelte Gewinnermittlung

Zur doppelten Buchführung gehört auch eine zweifache Gewinnermittlung:

1. ein **Betriebsvermögensvergleich** am Anfang und Ende des Wirtschaftsjahres und
2. die Aufstellung der **Gewinn- und Verlustrechnung** (GuV) beim Jahresabschluss.

Dieser **Jahresabschluss** besteht aus der Bilanz sowie der Gewinn- und Verlustrechnung. Kapitalgesellschaften müssen außerdem noch einen Anhang mit detaillierten Erläuterungen und einen Lagebericht für den Jahresabschluss erstellen.

Wodurch sich doppelte Buchführung und Überschussrechnung unterscheiden

Mit der Überschussrechnung legen Sie dem Finanzamt über Ihre Einkunftssituation Rechenschaft ab, wenn Sie von der doppelten Buchführung befreit sind. Diese Form der Buchhaltung unterscheidet sich von jener nicht nur durch die einfache Buchung je Vorgang, sondern auch noch durch die zeitliche Zuordnung der Geschäftsvorfälle:

- Bei der doppelten Buchhaltung werden die Geschäftsvorfälle nach ihrer Zugehörigkeit zu einer zeitlichen Periode gebucht.
- Bei der Überschussrechnung zählt der Zahlungszeitraum.

Beispiel

Wird beispielsweise eine Rechnung im Dezember geschrieben, aber erst im Januar des folgenden Jahres gezahlt, so gehört bei der doppelten Buchführung der Vorgang in das alte Jahr (bzw. in den vorangegangenen Monat), und entsprechend muss der Umsatz auch zugeordnet werden. Bei der Überschussrechnung gehört der Umsatz hingegen in das neue Jahr, da hier die Zahlung erfolgt ist.

Da die doppelte Buchführung wesentlich aussagekräftiger ist als die einfache Buchführung in Form einer Überschussrechnung, empfiehlt sich auch dort die Praxis einer doppelten Buchführung, wo zeitaktuelle Informationen über den Geschäftsverlauf nötig sind, eine gesetzliche Anforderung aber eigentlich noch nicht gegeben ist.

Hinweis: Über die Gewinnermittlung durch Überschussrechnung informiert ausführlich das Fachbuch „Einnahme-Überschussrechnung" von Iris Thomsen.

Wie die Buchhaltung organisiert wird

In der Buchhaltung werden die Geschäftsvorgänge des Unternehmens in Zahlen erfasst und abgebildet. Die Buchführung mit „Büchern", d. h. die manuelle Buchführung, wird dabei immer mehr durch eine EDV-Buchführung abgelöst.

Welche Bedeutung die Bücher haben

Tatsächlich baut die doppelte Buchführung auf verschiedenen Büchern auf, die man auch in einer EDV-Buchhaltung noch wiederfinden kann. Im Mittelpunkt steht das **Grundbuch**, auch **Journal** genannt, in das die laufenden Geschäftsvorfälle in zeitlicher Reihenfolge eingetragen werden. Darin buchen Sie:

- die laufenden Geschäftsvorfälle
- die Eröffnungsbuchungen
- die vorbereitenden Abschlussbuchungen
- die Abschlussbuchungen.

Das Journal ist wichtig, um die Geschäftsvorfälle zeitlich und lückenlos einordnen zu können. Durch einen Verweis auf den dem Geschäftsvorfall zugrunde liegenden Beleg (meist durch eine Belegnummer) ist eine Rückverfolgung zum Originalbeleg jederzeit schnell möglich.

Da aus dem Journal zwar die Reihenfolge der Geschäftsvorfälle ersehen und ein Bezug zum Beleg gefunden, nicht aber der Stand des Vermögens ermittelt werden kann, führt man zusätzlich ein sogenanntes **Hauptbuch**. Dieses Buch enthält alle Konten, von der Eröffnungs- bis zur Schlussbilanz. Diese Konten gewähren durch ihre Soll-Haben-Einteilung den gewünschten Überblick jederzeit, vorausgesetzt, das Hauptbuch wird auch aktuell auf Stand gehalten. Das Hauptbuch dient außerdem zur Kontrolle der ganzen Buchhaltung. Werden alle Soll- und Habenposten zusammenaddiert, muss eine Übereinstimmung bestehen.

Weitere Bereiche der Buchhaltung

Neben diesen grundlegenden Büchern gibt es eine Reihe von weiteren Bereichen, welche die Buchhaltung ergänzen:

- Die **Lagerbuchhaltung** führt Aufzeichnungen über Bestände, Zugänge und Abgänge der einzelnen Waren.
- Die **Kreditoren- und Debitorenbuchhaltung**, auch **Offene-Posten-Buchhaltung** genannt, führt Auflistungen der Verbindlichkeiten (der Kreditoren oder Lieferanten) und der Forderungen (der Debitoren oder Kunden), soweit sie noch nicht ausgeglichen sind. Bei Ausgleich einer Position durch Zahlung verschwindet der Posten aus den Listen; es stehen also nur die noch aktuell offenen Posten darin.

- In der **Lohn- und Gehaltsbuchhaltung** werden die gesamten Lohn- und Gehaltsabrechnungen geführt. Mit der eigentlichen Buchhaltung findet dann ein Abgleich der summierten Positionen statt.
- Das **Wechselbuch** ist in den Betrieben üblich, in denen mit Besitz- und Schuldwechseln gearbeitet wird. Es korrespondiert mit den entsprechenden Konten der Buchhaltung, enthält aber darüber hinausgehende Informationen (wann der Wechsel fällig ist, wer Aussteller und wer Bezogener ist usw.).

Im Zeitalter der EDV ist die manuelle Buchführung eher selten; sie wird im Buchführungsunterricht der Schulen und Hochschulen noch in Form der T-Konten geübt. In der Praxis führt kaum noch ein Betrieb Bücher ohne Hilfe des Computers. In Schreibwarengeschäften kann man jedoch noch Vordrucke und Bücher für die manuelle Buchführung kaufen.

Keine Buchung ohne Beleg

Allen Geschäftsvorgängen, die in der Buchhaltung erfasst werden, müssen Belege zugrunde liegen – ohne sie kann keine Buchung erfolgen.

Aufgrund folgender Belegarten wird gebucht:

- Fremdbelege gelangen von außen als Eingangsrechnungen und Gutschriften (Korrekturrechnungen) von Lieferanten, Kontoauszüge, Quittungen, Postbelege etc. in die Buchhaltung.
- Eigenbelege gelangen von innen als Kopien von Ausgangsrechnungen, Lohn- und Gehaltslisten, Spesenabrechnungen etc. in die Buchhaltung.

Fehlt einmal für einen Vorgang ein Beleg, so können Sie einen **Ersatzbeleg** erstellen. Dieser muss verschiedene Informationen enthalten:

- Datum des Geschäftsvorgangs
- Grund und Höhe der Auszahlung oder Einnahme
- Hinweis auf den Grund für die Ausstellung des Ersatzbelegs.

Wie gehen Sie vor?

Der Umgang mit den Belegen in der Buchhaltung spielt sich in der Regel folgendermaßen ab:

1. Die Belege werden zunächst geprüft, sowohl sachlich als auch rechnerisch.
2. Meistens werden die Belege dann sortiert nach Buchungsvorgang oder Ablagesystem.
3. Dann werden die Belege für die Buchung vorbereitet: Sie erhalten eine fortlaufende Nummer und die Kontierung, d. h. die Nummern der betroffenen Konten bzw. der Buchungssatz werden eingetragen.
4. Anschließend werden die Belege gebucht. Um eine eindeutige Zuordnung zwischen Beleg und Buchung zu erzeugen, wird mindestens die Belegnummer und die Belegart bei der Buchung angegeben.
5. Abschließend werden die Belege mit einem Buchungsvermerk versehen und abgelegt.

Belege richtig ablegen und aufbewahren

Eine übersichtliche Belegablage ist Grundvoraussetzung für eine ordnungsmäßige Buchführung. Jeder Kaufmann ist verpflichtet, folgende Unterlagen aufzubewahren (nach § 257 HGB):

- Handelsbücher, Inventare, Eröffnungsbilanzen, Jahres- und Konzernabschlüsse, Lageberichte, Konzernlageberichte sowie die zu ihrem Verständnis erforderlichen Arbeitsanweisungen und sonstigen Organisationsunterlagen
- eingegangene Handelsbriefe, Kopien abgesandter Handelsbriefe
- Belege für Buchungen.

Geregelt wird in § 257 HGB auch, wie lange die Unterlagen aufbewahrt werden müssen:

- Handelsbücher, Inventare, Bilanzen, Buchungsbelege etc. müssen 10 Jahre lang aufbewahrt werden,
- die sonstigen Unterlagen sechs Jahre. Die vor dem Jahr 2000 gültige 6-jährige Aufbewahrungspflicht trifft für Unterlagen des Rechnungswesens nicht mehr zu.

Fallen viele Belege und Unterlagen an (z. B. in Großunternehmen), so reicht auch die Aufbewahrung z. B. in Form von Mikrofilmkopien aus. Dies ist geregelt in § 147 der Abgabenordnung, wo von einem Bildträger oder anderen Datenträgern die Rede ist. Eine Aufbewahrung auf magnetischen Datenträgern (Diskette, Festplatte, Magnetband) ist jedoch noch nicht möglich, da keiner dieser Datenträger bisher die

Daten über die vorgeschriebene Zeit mit absoluter Sicherheit aufbewahren kann.

> Voraussetzung für eine Aufbewahrung der Originalbelege auf einem Bild- oder Datenträger ist aber, dass ein Gerät zur jederzeitigen Sichtbarmachung der Belegkopien vorhanden ist.

Die Buchhaltung mit der EDV führen

Die elektronische Datenverarbeitung hat selbst in Kleinbetrieben zur Führung der Buchhaltung Einzug gehalten. Die Vorteile dafür sind auch schnell erkannt:

- Der Computer übernimmt aufwendige Zuordnungsaufgaben schneller und sicherer als der Mensch.
- Systematische Aufgaben – wie z. B. die Abschlüsse – erledigt der Computer schneller und genauer.
- Aus dem vorhandenen Zahlenmaterial lassen sich Auswertungen fast beliebig und mit wenig Aufwand erstellen.
- Vorgänge können wiederholt werden. Haben Sie etwa Buchungen für einen Abschluss vergessen, lassen sich diese nachbuchen, und der Abschluss kann ohne großen Aufwand wiederholt werden.

Nicht ohne Nachteile

Dennoch hat die EDV-Buchhaltung auch Nachteile. Der Anwender sieht nicht mehr direkt, wie es in der Buchhaltung aussieht. Er kann zwar auf Listen und Bildschirm die Buchungen nachvollziehen, eine geschlossene Buchhaltung wie in der alten Form ist dadurch aber nicht immer im Blick. Auch Fachwissen ist nur noch begrenzt für die Buchungserfassung nötig. Man braucht sich ja – scheinbar – nur vom Programm leiten zu lassen. Das ist aber ein Trugschluss – denn das Programm nimmt Ihnen lediglich die Routineaufgaben ab und hilft, systematische Fehler zu vermeiden, indem es etwa prüft, ob die Buchungen auf beiden Seiten gleich sind. Was aber auf den Konten steht, wird nach wie vor von den buchenden Personen bestimmt.

> Auf gründliche Kenntnisse der doppelten Buchführung ist auch bei einer EDV-Buchführung nicht zu verzichten.

Dialogbuchung oder Stapelbuchung?

Buchen mit der EDV-Buchhaltung ist auf zwei Arten möglich: im Dialog mit dem Programm und als Stapel.

Im ersten Fall fragt das Programm über Erfassungsmasken alle benötigten Details für eine Buchung wie Kontennummer, Belegnummer, Belegtext und Beträge, evtl. auch den Steuersatz ab und führt anschließend die Buchung aus. Eine Änderung dieser Buchung ist danach undokumentiert nicht mehr möglich. Diese Art der Dialogbuchung bietet sich deshalb nur bei Einzelbuchungen an.

Andernfalls wählt man die Stapelbuchung. Hierbei werden alle anliegenden Buchungen ebenfalls über eine Erfassungsmaske oder Dialogbox erfasst. Diese werden dann aber nicht verbucht, sondern in einem Stapel abgelegt. Es ist jetzt möglich, jede Buchung noch einmal zu prüfen und zu kontrollieren. Das kann am Bildschirm passieren oder auch auf einem Ausdruck des Stapels. Innerhalb dieses Stapels ist jederzeit eine Korrektur ohne Dokumentation möglich. Erst wenn die Prüfung abgeschlossen ist, wird der ganze Stapel in einem Rutsch gebucht. Ab jetzt gilt auch hier: Jede Änderung ist zu protokollieren.

> Prüfen Sie bei Ihrem Buchhaltungsprogramm, ob sich Dialog- und Stapelbuchungsbereich vertragen. In manchen Programmen sind in den Offenen Posten die jeweils anderen Buchungen (Stapel nicht im Dialog oder umgekehrt) nicht zu sehen.

Worauf bei der EDV-Buchführung zu achten ist

Dem Trend zur EDV-Buchführung trägt auch der Gesetzgeber Rechnung, der „Grundsätze zur ordnungsmäßigen Speicherbuchführung" (GoS) erlassen hat. Speicherbuchführung besteht demnach darin, dass die Buchungen auf maschinell lesbaren Datenträgern aufgezeichnet und jederzeit bei Bedarf lesbar gemacht werden können. Dabei ist zu beachten:

- Die gesetzlichen Grundlagen im HGB und in der AO sowie die Grundsätze ordnungsmäßiger Buchführung gelten in gleicher Weise wie für andere Buchführungstechniken.
- Buchungen müssen auch bei der Speicherbuchhaltung durch Belege nachgewiesen werden.

- Belege müssen so aufbereitet werden, dass eine ordnungsmäßige Verarbeitung in der Speicherbuchführung möglich ist und die sachliche und zeitliche Zuordnung der Geschäftsvorfälle nachgeprüft werden kann.
- Wird eine Buchung verändert, so muss ihr ursprünglicher Inhalt feststellbar bleiben, z. B. durch ein Protokoll über die Änderung.
- Die Vollständigkeit und Richtigkeit der auf Datenträgern aufgezeichneten Buchungen sind durch programmierte und/oder andere Kontrollen sicherzustellen.
- Der Buchführungspflichtige ist während der Aufbewahrungsfristen für die sichere und dauerhafte Speicherung der Daten verantwortlich.

Die Elektronische Bilanz

Nach § 5b EStG sind der Inhalt der Bilanz sowie der Gewinn- und Verlustrechnung nach vorgeschriebenem Datensatz (XBRL-Datensatz) per Datenfernübertragung an das Finanzamt zu übermitteln. Dies gilt für alle Fällen, in denen der Gewinn nach § 4 Abs. 1, § 5 oder § 5a EStG ermittelt wird. Für Wirtschaftsjahre die nach dem 31.12.2012 beginnen, müssen die Bilanzen in elektronischer Form an das Finanzamt übermittelt werden. Nach § 5 b Abs. 2 Satz 2 EStG in Verbindung mit § 150 Abs. 8 AO kann jedoch nach wie vor als Härtefallregelung der Verzicht auf Abgabe der Elektronischen Bilanz beantragt werden.

Von der Inventur über die Bilanz zum Konto

Durch Handels- und Steuerrecht (HGB § 240, AO § 140, § 141 Abs. 1) ist vorgeschrieben, wann ein Unternehmen eine Bestandsaufnahme (Inventur) vorzunehmen hat. Aufgezeichnet werden dabei Art, Menge und Wert aller Vermögensgegenstände und Schulden. In der Bilanz werden diese Größen einander gegenübergestellt. Über die laufenden Geschäftsvorgänge geben die einzelnen Konten Auskunft.

Lesen Sie in diesem Kapitel

- wie Sie bei der Inventur vorgehen (S. 26),
- welche Informationen man aus einer Bilanz entnimmt (S. 30),
- welche Konten es gibt (S. 36) und
- welche Funktion Kontenrahmen erfüllen (S. 39).

Eine Bestandsaufnahme machen

In diesen Fällen müssen Sie Inventur machen:

- bei Gründung oder bei Übernahme eines Unternehmens
- am Schluss eines jeden Geschäftsjahres
- bei der Auflösung oder der Veräußerung des Unternehmens.

Zu unterscheiden ist zwischen einer körperlichen und einer Buchinventur. Bei der körperlichen Inventur wird gezählt oder gemessen, gewogen, geschätzt, was angefasst werden kann; es werden alle Gegenstände wie Maschinen, Anlagen, Betriebs- und Geschäftsausstattung und Warenbestände erfasst. Die Buchinventur hält hingegen alle Bankguthaben und -schulden, Forderungen und Verbindlichkeiten fest. Diese Werte lassen sich in der Regel aus Belegen, z. B. Kontoauszügen, ermitteln.

Welche Verfahren Sie anwenden können

Die bekannteste Form der Inventur ist die Stichtagsinventur. Zu einem bestimmten Tag wird eine komplette mengenmäßige Bestandsaufnahme vorgenommen. Termin ist meistens der tatsächliche Jahresabschluss.

Da diese Art der Inventur oft arbeitsintensiv und aufwendig ist, gibt es einige Vereinfachungsverfahren (nach HGB § 241):

- Die **verlegte Inventur** (HGB § 241 Abs. 3). Dabei sind Abweichungen von 3 Monaten vor oder 2 Monate nach dem Bilanzstichtag möglich. Eine wertmäßige Fortschreibung zum Abschlussstichtag muss aber vorgenommen werden.

- Die **permanente Inventur** (HGB § 241 Abs. 2) verzichtet ganz auf die körperliche Bestandsaufnahme zu einem bestimmten Stichtag. Das gesamte Inventar wird während des Jahres einmal körperlich erfasst – nur nicht auf einmal. Richtig eingesetzt ist die permanente Inventur ein rationelles Verfahren: Sie findet nebenher das ganze Jahr über statt.
- Bei der **Stichprobeninventur** (HGB § 241 Abs. 1) wird der Bestand mittels mathematisch-statistischer Verfahren aufgrund von Stichproben ermittelt.

Die Ergebnisse festhalten

Die Ergebnisse der Inventur müssen Sie nach vorgegebenen Regeln in einem Verzeichnis zusammenfassen. Dieses Verzeichnis ist dreigeteilt und besteht aus

- Vermögen
- Schulden
- Reinvermögen oder Eigenkapital.

Das Vermögen ist geordnet nach der Flüssigkeit der einzelnen Positionen:

- Zuerst führen Sie das langfristig genutzte Vermögen (Grundstücke, Gebäude, Maschinen, Fahrzeuge, Geschäftsausstattung etc.) auf. Diese Positionen sind i. d. R. nicht so schnell „flüssig" zu machen.

- Dann kommt das Vermögen, das nur sehr kurzfristig im Unternehmen verweilt. Dazu gehören die Waren oder Roh-, Hilfs- und Betriebsstoffe sowie unfertige und fertige Erzeugnisse, Forderungen sowie alle Geldmittel.

Die Schulden ordnen Sie nach ihrer Fälligkeit:

- Den Anfang machen hier die langfristigen Schulden (Hypotheken-, Darlehensschulden). Diese Mittel stehen dem Unternehmen auch relativ lange zur Verfügung.
- Anschließend führen Sie die kurzfristigen Schulden auf (Lieferantenschulden, Kontokorrentschulden etc.). Sie müssen auch i. d. R. schnell zurückgezahlt werden.

Inventar der Fahrradanhänger Kids & Bike GmbH, zum 31. Dez. 20XX

	€	€
I. Vermögen		
1. Bebaute Grundstücke		475.000
2. Geschäftsausstattung		28.000
3. Warenbestände lt. bes. Verzeichn.		
Kinderanhänger	88.000	
Transportanhänger	74.000	
Fahrradverlängerungen	13.500	
Zubehör	17.500	193.000
4. Forderungen aus Warenlieferungen u. Leistungen		88.000
5. Bankguthaben		5.000
6. Kassenbestand		1.000
Summe des Vermögens		**790.000**

	€	€
II. Schulden		
1. Bankdarlehen		
Hypothekendarlehen Sparkasse	200.000	
Darlehen Dresdner Bank	150.000	
Darlehen LKW Sparkasse	75.000	425.000
2. Verbindlichkeiten aus Warenlieferungen und Leistungen		178.000
3. Sonstige Verbindlichkeiten		2.000
Summe der Schulden		**605.000**
III. Ermittlung des Eigenkapitals		
Summe des Vermögens		790.000
– Summe der Schulden		605.000
= Reinvermögen (Eigenkapital)		**185.000**

Subtrahiert man die Schulden vom Vermögen, so erhält man das Eigenkapital oder den Reinerlös. Ist das Ergebnis negativ, d. h. sind die Schulden größer als das Vermögen, so ist eigentlich kein Eigenkapital mehr vorhanden. Dies ist eine kritische Situation für ein Unternehmen und führt in vielen Fällen zur Auflösung – zwangsweise oder freiwillig.

Den Gewinn durch Inventarvergleich ermitteln

Stehen zwei aufeinander folgende Bilanzen zur Verfügung, so können Sie durch einen Inventarvergleich auch den Unternehmenserfolg ermitteln: Dazu ziehen Sie vom Eigenkapital des aktuellen Inventars das Eigenkapital des vorangegangenen Inventars ab; damit ergibt sich aus der Differenz der Gewinn (positive Differenz) oder der Verlust (negative Differenz). Dabei müssen Sie allerdings auch Privateinlagen und

Privatentnahmen berücksichtigen. Ein Beispiel gibt die folgende Tabelle:

Gewinnermittlung durch Inventarvergleich

	Eigenkapital Ende des Geschäftsjahres	185.000 €
–	Eigenkapital Beginn des Geschäftsjahres	149.000 €
	Kapitalzuwachs	36.000 €
+	Privatentnahmen	30.000 €
–	Privateinlagen	15.000 €
	Gewinn	**51.000 €**

Zur Eröffnung wird Bilanz gemacht

Spricht man darüber, dass eine „Bilanz zu ziehen" ist, so meint man in der Regel eine Aufstellung der augenblicklichen positiven und negativen Gegebenheiten und das Abwägen gegeneinander. Wiegt das Positive schwerer, so ist das ein gutes Zeichen; wiegt das Negative schwerer, so ist Anlass zur Veränderung gegeben.

Was steht in der Bilanz?

In der Bilanz werden Vermögen und Schulden eines Unternehmens einander gegenübergestellt. Die Differenz der schwächeren Seite bezeichnet der Buchhalter als Saldo. Steht der Saldo auf der Seite der Schulden, so ist aktives Kapital vorhanden (Eigenkapital). Steht der Saldo aber auf der Seite des Vermögens, so ist passives Kapital – also ein Verlust –

entstanden. Entsprechend nennt man die linke Seite der Bilanz auch AKTIVA und die rechte Seite der Bilanz PASSIVA:

- Die Aktivseite (Vermögen) enthält Informationen darüber, wie die Mittel, die dem Unternehmen zur Verfügung stehen, angelegt wurden. Hier erkennen Sie also die Mittelverwendung.
- Die Passivseite (Kapital) gibt Auskunft darüber, wie finanziert wurde; hier erkennen Sie die Mittelherkunft.

So wie im Inventar sind auch in der Bilanz Vermögen nach der Flüssigkeit und Schulden nach der Fälligkeit zu ordnen (§ 266 HGB). Das Handelsgesetzbuch schreibt außerdem die Form der Bilanz sehr genau vor:

- die Bilanz ist in Kontoform aufzustellen
- eine bestimmte Gliederung ist einzuhalten

Bilanz

Aktiva	Bilanz zum 31.12.20XX		Passiva
I. Anlagevermögen		I. Eigenkapital	185.000,00
1. Bebaute Grundst.	475.000,00	II. Fremdkapital	
2. Betriebsausstatt.	28.000,00	1. Darlehn	425.000,00
II. Umlaufvermögen		2. Verbindlichkeiten	178.000,00
1. Waren	193.000,00	3. Sonst. Verbindl.	2.000,00
2. Forderungen ...	88.000,00		
3. Bankguthaben	5.000,00		
4. Kasse	1.000,00		
	790.000,00		**790.000,00**

Kleine Kapitalgesellschaften können eine vereinfachte Gliederung wählen (§ 267 HGB Abs. 1). Unter kleinen Kapitalgesellschaften versteht das HGB solche Unternehmen, die mindestens zwei der folgenden drei Kriterien erfüllen:

1 bis 6.000.000 € Bilanzsumme (4.840.000 € bis 2015)

2 bis 12.000.000 € Umsatzerlöse (9.680.000 € bis 2015)

3 im Jahresdurchschnitt maximal 50 Arbeitnehmer.

Genau genommen ist die Bilanz nichts anderes als ein kurzgefasstes und etwas anders aufgegliedertes Inventar, dessen Erstellung ebenso vom Gesetzgeber verlangt wird. Sie unterscheidet sich aber dadurch, dass im Inventar Mengen, Einzelwerte und Gesamtwerte aufgeführt werden. In der Bilanz genügt die Aufführung der Gesamtwerte der einzelnen Positionen.

In § 267 HGB Abs. 2 werden mittelgroße Kapitalgesellschaften beschrieben, in Abs. 3 große Kapitalgesellschaften. Das HGB kennt inzwischen auch Kleinstkapitalgesellschaften (max. 350.000 € Bilanzsumme, 700.000 € Umsatz und nicht mehr als zehn Arbeitnehmer), siehe HGB § 267a.

Hinweis: Mehr Informationen zum Thema „Bilanzen" können Sie dem TaschenGuide „Bilanzen" entnehmen.

Wann ist eine Eröffnungsbilanz vorgeschrieben?

Jede doppelte Buchführung beginnt in Form einer Eröffnungsbilanz, die zu Beginn eines neuen Geschäftsjahres aufzustellen ist: Für die Buchführung löst man die Bilanz in Konten auf, auf denen dann die Geschäftsvorfälle festgehalten werden. Bei einem fortlaufenden Unternehmen bildet die Bilanz auch den Abschluss der vorangegangenen Buchungsperiode; in dieser Funktion nennt man sie Schlussbilanz. Schlussbilanz und Eröffnungsbilanz sind demnach identisch.

Dass die Schlussbilanz auch gleichzeitig die Eröffnungsbilanz ist, nennt man Bilanzzusammenhang, Bilanzidentität oder formelle Bilanzkontinuität. In den Bewertungsgrundsätzen des HGB ist dies vom Gesetzgeber vorgeschrieben (§ 252 HGB).

Eine Eröffnungsbilanz ist nicht nur zu Beginn des neuen Geschäftsjahres aufzustellen; der Gesetzgeber fordert sie auch in folgenden Fällen:

- Ein Unternehmen wird neu gegründet.
- Es hat eine Unternehmensumwandlung stattgefunden.
- Ein Unternehmen wechselt den Besitzer.
- Zwei Unternehmen verschmelzen miteinander (Fusion).
- Aus einer Personengesellschaft (OHG oder KG) scheiden Gesellschafter aus.
- Die Rechtsform des Unternehmens wird gewechselt.

Was ist beim Bilanzieren zu beachten?

Bei der Bilanzerstellung können Sie auf die Mengenbeschreibung und Einzelwertauflistungen verzichten. Es genügt, wenn Sie die wesentlichen Gesamtwerte aufführen. Folgende Grundsätze müssen Sie jedoch einhalten (nach HGB § 242):

- Der Grundsatz der **Bilanzwahrheit** besagt, dass man weder etwas weglassen noch etwas hinzufügen darf.
- Der Grundsatz der **Bilanzklarheit** besagt, dass die Bilanz übersichtlich sein und Menschen mit Sachverstand einen Einblick in die Vermögensverhältnisse des Unternehmens geben muss.
- Der Grundsatz der **Bilanzkontinuität** sagt, dass die verschiedenen Bilanzen eines Unternehmens einander in Aufbau und Inhalt entsprechen müssen.

Und noch ein wichtiger formaler Punkt: Als Unternehmer müssen Sie die Bilanz selbst unterschreiben (§ 245 HGB).

Die Bilanz in Konten auflösen

Die laufenden Geschäftsvorgänge hält man nicht in Bilanzen fest, sondern bucht sie auf **Konten**:

- Dazu werden zu Beginn des Geschäftsjahres Konten aus der Bilanz eröffnet.
- Am Schluss des Geschäftsjahres müssen diese Konten wieder in eine Bilanz verwandelt werden; das bedeutet, wenn eine Buchungsperiode beendet ist oder ein Zwischenabschluss erstellt werden muss, werden die Konten abgeschlossen und die Saldi (Endbestände) in eine Schlussbilanz übertragen (dazu mehr im Abschnitt „Buchen auf Bestandskonten", Seite 47).
- Diese Schlussbilanz ist Ausgangspunkt für die nächste Buchungsperiode.

Buchhaltung und Bilanzerstellung bilden demnach einen fortwährenden Kreislauf. Im Abschnitt „Wie Sie richtig buchen" (Seite 43) finden Sie ein einfaches Beispiel für diesen Ablauf. Doch zunächst zu den Konten.

Soll und Haben – eine zweiseitige Rechnung

Jedes Konto hat grundsätzlich zwei Seiten: Auf die eine kommen die Einnahmen, auf die andere die Ausgaben – das trifft auch dort zu, wo man nur bedingt von Einnahmen oder Ausgaben sprechen kann. Dabei steht immer auf der linken Seite des Kontos **Soll**, auf der rechten Seite **Haben**.

Es kann jedoch nicht grundsätzlich gesagt werden, dass Soll die Einnahmen und Haben die Ausgaben repräsentieren; beide sind für den Buchhalter nur Platzhalter, denen erst mit der Art des Kontos eine bestimmte Bedeutung zufällt. Es gilt aber immer, dass jede Buchung jeweils mindestens eine Soll-Seite und eine Haben-Seite berühren und die Summe beider Seiten immer gleich sein muss (mehr dazu im nächsten Kapitel: „Wie Sie richtig buchen", Seite 43).

> Was Sie sich auf jeden Fall merken müssen: Auf der linken Seite eines Kontos steht immer Soll, auf der rechten Seite Haben.

Wie Sie die Konten führen

Das Konto kann in Form eines T-Kontos (wie z. B. in der Bilanz) oder in Spaltenform geführt werden. Das T-Konto ist praktisch beim Erlernen der doppelten Buchführung, weil es die Verhältnisse beim Buchen transparenter macht. Das Konto in Spaltenform (je eine Spalte für Soll und Haben) kann in der Praxis aber besser bedient und geführt werden. EDV-Buchhaltungsprogramme drucken Konten in der Regel auch in Spaltenform aus.

Im Gegensatz zum zweiseitigen Konto ist der Kontokorrent eine laufende Rechnung in Listenform. Diese Form ist auf den Bankkontoauszügen zu finden.

Zwei Arten von Konten können Sie prinzipiell unterscheiden:

- Auf Bestandskonten wird in der Buchführung die Bestandsrechnung erfasst. Sie stammen aus der Bilanz und lassen sich unterscheiden in
  - Aktivkonten und
  - Passivkonten.
- Auf Erfolgskonten wird der Unternehmenserfolg erfasst.

Aus der Bilanz kommen die Bestandskonten

Um die Eröffnungsbilanz nun zum Ausgangspunkt einer laufenden Buchhaltung zu machen, müssen Sie alle ihre Posten in einzelne Konten auflösen: Zum Beispiel erhalten Sie aus dem Posten „Warenbestand" das Konto „Waren", aus dem Posten „Bankguthaben" das Konto „Bank" etc.

> Die Konten, die aus der Bilanz kommen, nennt man Bilanzkonten oder auch Bestandskonten, da auf ihnen die Bestände des Unternehmens verzeichnet sind (also alles, was inventarisiert werden kann).

Wo die Anfangsbestände stehen

Die Bestände der Bilanz werden dabei zu Anfangsbeständen auf den Konten. Um zu wissen, auf welche Seite des jeweiligen Kontos Sie die Bestände der Bilanz buchen, müssen Sie darauf achten, von welcher Seite der Bilanz die Konten stammen:

1. Alle Positionen aus der **Aktiv-Seite** der Bilanz (also die Vermögensposten) werden zu Anfangsbeständen auf der **Soll-Seite von Aktivkonten**.
2. Alle Positionen der **Passiv-Seite** (Schulden und Eigenkapital) werden zu Anfangsbeständen auf der **Haben-Seite von Passivkonten**.

Für das weitere Buchen gilt grundsätzlich:

- Bei den Aktivkonten vermehren Zugänge den Anfangsbestand; Sie tragen daher die Zugänge auch im Soll ein. Im Haben tragen Sie die Abgänge ein und ermitteln daraus das Saldo bzw. den Endbestand für die Schlussbilanz.
- Bei den Passivkonten vermehren Zugänge den Anfangsbestand; Zugänge berücksichtigen Sie daher im Haben, Abgänge hingegen auf der Soll-Seite, wo Sie auch das Saldo ermitteln.

> Aktivkonten erhalten Sie von der linken Seite der Bilanz (Aktiva). Entsprechend buchen Sie die Anfangsbestände auf die linke Kontoseite, an Soll. Passivkonten erhalten Sie von der rechten Seite der Bilanz (Passiva). Die Anfangsbestände buchen Sie entsprechend auf die rechte Seite, an Haben.

Der Trick mit dem Eröffnungsbilanzkonto

Da die Auflösung der Bilanz eigentlich auch ein Buchungsvorgang ist, scheint das Prinzip der doppelten Buchführung inkonsequent: Eine Buchung Aktiva an Soll ist ja nichts anderes als eine Buchung Soll an Soll. Deshalb wird ein Trick in Form eines Eröffnungsbilanzkontos benutzt:

1. Zunächst übertragen Sie die Eröffnungsbilanz in ein Eröffnungsbilanzkonto. Dabei buchen Sie
   - die Aktivposten der Bilanz an Haben des Eröffnungsbilanzkontos und
   - die Passivposten der Bilanz an Soll des Eröffnungskontos.

Dieses Eröffnungsbilanzkonto ist demnach nur eine seitenvertauschte Bilanz.

2. Jetzt kann dieses Eröffnungsbilanzkonto mit „korrekten" Buchungen in einzelne Konten aufgelöst werden.

Bei der zeitgemäßen Buchhaltung mit EDV können Sie diese Buchung in Form von Saldovorträgen durchführen. Intern wird dazu ein Saldovortragskonto benutzt, das eigentlich nichts anderes als ein Eröffnungsbilanzkonto ist. Das richtige

Buchen dieser Saldovorträge übernimmt dann das Programm für Sie.

Was sind Erfolgskonten?

Neben den Bestandskonten gibt es aber auch noch die **Erfolgskonten**, auf denen die eigentlichen Unternehmenserfolge sichtbar werden. Hier werden die Erträge und Aufwendungen des Unternehmens gebucht. Sind die Erträge größer als die Aufwendungen, ergibt sich ein Gewinn; sind die Aufwendungen größer, so ergibt sich ein Verlust. Die Zusammenfassung aller Erfolgskonten findet beim Monats- und Jahresabschluss in der **Gewinn- und Verlustrechnung** (GuV-Rechnung) statt. Diese beginnt in jeder Buchungsperiode erneut. Einen direkten Saldovortrag gibt es bei der Gewinn- und Verlustrechnung nicht (mehr dazu ab Seite 54).

Der richtige Rahmen für die Konten

Um die Buchhaltung möglichst einheitlich zu gestalten, wurden sogenannte Kontenrahmen definiert, welche die verschiedenen Kontenarten in Gruppen, den sogenannten Kontenklassen, zusammenfassen und nummerieren. Es gibt eine ganze Reihe Kontenrahmen für die verschiedenen Wirtschaftszweige wie Einzelhandel, Großhandel, Industrie und Banken. Diese sind allerdings so weit generalisiert, dass jeder Betrieb sich daraus einen individuellen Rahmen zusammensetzen kann.

> In der Regel ist es nötig, auf Basis eines vorhandenen Kontenrahmens einen eigenen Kontenplan zu definieren, da ein bestimmter Rahmen ja nicht gesetzlich vorgeschrieben ist und die vorhandenen Muster nicht für jeden Betrieb gleichermaßen passen.

Die wichtigsten Kontenrahmen sind:

- EKR: Kontenrahmen des Einzelhandels
- GKR: Kontenrahmen des Großhandels
- IKR: Kontenrahmen der Industrie.

Eine weite Verbreitung haben heute die standardisierten Kontenrahmen der DATEV. Die DATEV ist eine Datenverarbeitungsorganisation der steuerberatenden Berufe in Deutschland. Diese Kontenrahmen sind weniger auf Branchen als auf Unternehmensformen ausgerichtet. Die Wichtigsten sind:

- SKR 01: für kleine Personengesellschaften
- SKR 02: für kleine Kapitalgesellschaften
- SKR 03: wie 01, aber stärker untergliedert
- SKR 04: wie 02, aber stärker untergliedert.

Wie die Kontenrahmen aufgebaut sind

Alle Kontenrahmen sind nach einem Zehnersystem aufgebaut, d. h. in zehn Kontenklassen unterteilt. In diesem TaschenGuide wird der Kontenrahmen SKR 04 (siehe Anhang ab Seite 238) benutzt. Die Buchhaltungssystematik ist aber selbstverständlich unabhängig von irgendeinem Kontenrahmen und lässt sich auf jeden anderen übertragen.

Die einzelnen Kontenklassen des SKR 04	
Klasse 0	Anlagevermögen, – die Konten für den langfristigen Finanzierungsbedarf des Unternehmens.
Klasse 1	Umlaufvermögen – die Konten für den Warenverkehr und die kurz- und mittelfristigen Finanzen sowie die aktiven Rechnungsabgrenzungen.
Klasse 2	Eigenkapital – Konten für das Eigenkapital (einschließlich der Unterkonten) sowie für Kapital- und Gewinnrücklagen.
Klasse 3	Fremdkapital – Konten für alle Verbindlichkeiten sowie für die passiven Rechnungsabgrenzungen.
Klasse 4	Erträge – Konten für Erträge aus Umsatz, Dienstleistungen, Bestandsveränderungen, gewährte Boni und Skonti u. a.
Klasse 5	Aufwendungen – Konten zum Materialaufwand, erhaltene Boni und Skonti u. a.
Klasse 6	Aufwendungen – Konten für die betriebsnotwendigen Aufwendungen, z. B. Lohn und Gehalt, Abschreibungen, Miete.
Klasse 7	Weitere Erträge / Weitere Aufwendungen – Konten für Zinsaufwendungen und Erträge, Gewerbe- und Grundsteueraufwand u. a.
Klasse 9	Privatkonten / Sonstige Konten – Konten für Privateinlagen und -entnahmen sowie Eröffnungs- und Schlussbilanzkonto.

Wer sich in einem Kontenrahmen zurechtfindet, kann dies ohne große Umstellung auch in jedem anderen. Dass man sich in solch einem Fall an neue Nummern und Bezeichnungen gewöhnen muss, ändert nichts an der identischen Systematik.

Welche Vorteile bieten die Kontennummern?

Warum sollen aber überhaupt Kontennummer benutzt werden? Tatsächlich könnte man auf ein Nummernsystem bei der Buchhaltung verzichten, wenn sie ansonsten nach den Grundsätzen ordnungsmäßiger Buchführung (GoBD) geführt wird (z. B. bei der Buchführung im alten Stil). Allerdings sagt der Gesetzgeber: „Die Buchführung muss so beschaffen sein, dass sie einem sachverständigen Dritten innerhalb angemessener Zeit einen Überblick über die Geschäftsvorfälle und über die Lage des Unternehmens vermitteln kann." (§ 238 HGB) Zu individuell und damit unübersichtlich darf also die Buchhaltung nicht gestaltet sein.

Ein Nummernsystem hingegen

- lässt eine übersichtliche und aussagefähige Gliederung der Konten zu,
- erlaubt eine sinnvolle Generalisierung von Kontenzusammenhängen (Kontenrahmen),
- ist für die EDV-Buchführung sogar unerlässlich.

Wie Sie richtig buchen

Jedem Geschäftsvorgang liegt ein Beleg zugrunde, und vor jeder Buchung wird ein Buchungssatz gebildet. Dabei gibt es Buchungssätze von unterschiedlicher Komplexität. Zudem sind entsprechend der jeweiligen Geschäftsvorfälle unterschiedliche Kontenarten zu berücksichtigen.

In diesem Kapitel lernen Sie

- wie ein Buchungssatz zusammengesetzt ist (S. 44),
- wie Sie auf Bestandskonten buchen (S. 47),
- wie Sie auf Erfolgskonten buchen (S. 54),
- wie die Umsatzsteuer gebucht wird (S. 59),
- wie versierte Buchhalter bei einigen konkreten Praxisfällen verfahren (ab S. 65).

Was ist ein Buchungssatz?

In der allgemeinen Form lautet der Buchungssatz:

SOLL an HABEN, Betrag

wobei Soll für das Konto steht, wo Sie im Soll, und Haben für das Konto steht, wo Sie im Haben buchen. Bevor wir zur eigentlichen Buchungspraxis übergehen, dazu ein Beispiel.

Beispiel: Wie ein Buchungssatz zu lesen ist

Ein einfacher Buchungssatz könnte folgendermaßen aussehen:

Kasse an Bank, 1.000 €.

Hinter diesem knappen Buchungssatz steht folgender Vorgang: Es wurden 1.000 € in die Kasse gelegt (Buchung auf der Soll-Seite des Kasse-Kontos), die zuvor von der Bank abgehoben wurden (Buchung auf der Haben-Seite des Bank-Kontos).

Es mag zunächst vielleicht verwirren, dass der Betrag bei der Kasse im Soll und bei der Bank im Haben steht, obwohl in die Kasse etwas hineingelegt und bei der Bank etwas weggenommen wurde. Was wie auf den Konten gebucht wird, hängt immer davon ab, um welche Art von Konto es sich handelt. Erinnern wir uns: Bei Aktivkonten werden Zugänge immer im Soll gebucht, die Abgänge im Haben. Bei Passivkonten ist es umgekehrt – dort werden Zugänge im Haben und Abgänge im Soll gebucht. Kasse und Bank sind beides Aktivkonten: Die Kasse (als Schuldner der Bank), hat von dieser den Geldbetrag bekommen, entsprechend findet bei dem Kassenkonto eine Eintragung im Soll statt. Das Bankkonto hat hingegen einen Abgang zu verzeichnen, entsprechend findet die Buchung im Haben statt.

Beim Buchen gehen Sie also folgendermaßen vor:

1 Aufgrund des Belegs bilden Sie einen Buchungssatz. Er gibt an, welche Konten auf welcher Seite berührt werden.
2 Diesen Buchungssatz tragen Sie dann auf dem Beleg ein.
3 Auf dieser Grundlage findet der eigentliche Buchungsvorgang, manuell oder per EDV, statt.
4 Danach kann der Beleg abgelegt werden.

Wenn Sie buchen, heißt das, dass Sie die Bestandskonten verändern. Pro Buchungssatz werden dabei immer mindestens zwei Konten berührt, eines im Soll und eines im Haben. Das heißt, Sie müssen – gemäß der doppelten Buchführung – immer (mindestens) auf zwei Konten Buchungen ausführen, eine im Soll und eine im Haben.

T-Konten Kasse/Bank mit Buchungssatz

S	1600 Kasse		H
AB	180,00		
1800 Bank	1.000,00		

S	1800 Bank		H
AB	5.000,00	1600 Kasse	1.000,00

(AB = Anfangsbestand)

Der Buchungssatz nennt die Konten, die von der Buchung berührt werden. An erster Stelle steht das Konto, das im Soll, an zweiter Stelle das Konto, das im Haben berührt wird, in der Form „Soll an Haben".

Wenn mehr als zwei Konten berührt werden

Buchungssätze können auch mehr als zwei Konten berühren. Ein alltäglicher Fall ist die Verbuchung eines Umsatzes mit Mehrwertsteuer – sie berührt drei Konten. Solch ein Buchungssatz sieht z. B. folgendermaßen aus:

Kasse (1.190 €) an Umsatzerlöse 19 % (1.000 €)
und Umsatzsteuer 19 % (190 €)

Konten mit Buchungen mit Umsatzsteuer

S	1600 Kasse		H
AB	180,00		
1800 Bank	1.000,00		
Umsatz/ USt 19 %	1.190,00		

S	4410 Umsatzerlöse 19 %		H
		1600 Kasse	1.000,00

S	3806 Umsatzsteuer 19 %		H
		1600 Kasse	190,00

In diesem Fall wurde ein Barumsatz getätigt, d. h. ein Kunde hat etwas gekauft und bar bezahlt. Das Geld ist also gleich in die Kasse gekommen. Die Einlage in die Kasse wurde auf der Soll-Seite des Kassenkontos gebucht. Auf der Haben-Seite finden sich zwei Buchungen. Der Nettoumsatz (ohne Umsatzsteuer) kommt auf das entsprechende Umsatzkonto, der Umsatzsteuerbetrag wird auf das zugehörige Umsatzsteuerkonto gebucht. Beide Beträge zusammen entsprechen der Buchung auf der Soll-Seite.

> Auch in den Fällen, in denen mehr als zwei Konten berührt werden, müssen die Beträge der Soll- und Haben-Seite immer gleich sein.

Buchen auf Bestandskonten

Ist die Eröffnungsbilanz in Konten aufgelöst, können Sie auf den Bestandskonten buchen.

Noch einmal zur Erinnerung: Auf Aktivkonten vermehren Zugänge die Anfangsbestände und werden auf der Soll-Seite eingetragen, Abgänge erscheinen auf der Haben-Seite. Bei Passivkonten ist es umgekehrt: Zugänge werden im Haben verzeichnet, Abgänge im Soll.

Beispiel

Das Beispiel von Seite 44 soll hier nochmals aufgegriffen werden. So sahen die Konten nach der Auflösung der Eröffnungsbilanz aus:

S	1600 Kasse	H
AB	180,00	

S	1800 Bank	H
AB	5.000,00	

Nun werden 1.000 € vom Bankkonto abgehoben und in die Kasse gelegt:

1600 Kasse an 1800 Bank, 1.000 €.

Auf den Konten wird – in der Reihenfolge Soll, dann Haben – die Buchung entsprechend eingetragen. Ein kurzer Verweis auf das Gegenkonto erleichtert die Übersicht und die Suche nach Feldern. Auf den Konten sieht es dann folgendermaßen aus:

S	1600 Kasse	H
AB	180,00	
1800 Bank	1.000,00	

S	1800 Bank		H
AB	5.000,00	1600 Kasse	1.000,00

Wie Sie systematisch vorgehen können

Einige systematische Fragen erleichtern die Erstellung eines Buchungssatzes wesentlich:

1. Welche Konten müssen für den vorliegenden Geschäftsvorgang benutzt werden?
2. Werden Aktiv- oder Passivkonten oder etwa beide benutzt?
3. Auf welchem Konto liegt ein Zugang, und auf welchem Konto liegt ein Abgang vor?

Beispiel

In unserem Beispiel wurde das Geld von der Bank geholt, weil eine Nachnahmesendung erwartet wurde; der Postbote brachte die Warensendung eines Lieferanten, die mit 1.000 € zu zahlen war. Wie ist nun vorzugehen?

1. **Welche Konten müssen benutzt werden?**
   Ganz sicher wieder die Kasse, denn aus ihr wurde der Postbote bezahlt. Bei der Lieferung handelt es sich um Waren, die anschließend ins Lager gelegt werden. Also kommt hier außerdem ein Warenkonto zum Tragen.
2. **Um was für Konten handelt es sich?**
   Waren und Kasse sind beides Aktivkonten, die aus der linken Seite der Bilanz eröffnet worden sind.
3. **Auf welchem Konto liegt ein Zugang, auf welchem ein Abgang vor?**
   Bei den Waren liegt ein Zugang vor; hier ist also im Soll zu buchen. Die Kasse wurde um den entsprechenden Betrag

reduziert (Abgang); damit ist im Haben zu buchen. Der Buchungssatz lautet demnach:

5200 Wareneinkauf an 1600 Kasse, 1.000 €

Auf den Konten sieht die Buchung folgendermaßen aus:

S	1600 Kasse		H
AB	180,00	5200 WE	1.000,00
1800 Bank	1.000,00		

S	5200 Wareneinkauf		H
AB	25.000,00		
1600 Kasse	1.000,00		

Bestandskonten abschließen

Um von der Konto-Buchführung wieder zur Bilanz zu kommen, müssen die Konten abgeschlossen und in die Schlussbilanz übertragen werden. Dazu können Sie folgendermaßen vorgehen:

1 Zunächst ermitteln Sie die größere Seite des Kontos und tragen unter dem Strich die Summe ein. Die Summe wird doppelt unterstrichen, was bedeutet: Das Konto ist abgeschlossen.

2 Die ermittelte Summe übertragen Sie auf die andere Seite des Kontos – beide Kontoseiten müssen ja immer betragsgleich sein.

3 Dann errechnen Sie auf der schwächeren Seite die Differenz zur Summe und tragen diesen Betrag ein. Somit haben Sie den Saldo gebildet.

4 Abschlussbuchung, auf ein Schlussbilanzkonto.

Die Salden der **Aktivkonten** werden gebucht:

Schlussbilanzkonto an Aktivkonto

Die Salden der **Passivkonten** werden gebucht:

Passivkonto an Schlussbilanz

Beispiel

Im Beispiel sehen die zugehörigen Buchungssätze folgendermaßen aus:

Schlussbilanz an 1600 Kasse, 180 €
Schlussbilanz an 1140 Waren, 26.000 €.

S	1600 Kasse		H
AB	180,00	1140 Waren	1.000,00
1800 Bank	1.000,00	EB	180,00
	1.180,00		1.180,00

S	5200 Wareneinkauf		H
AB	25.000,00	EB	26.000,00
1600 Kasse	1.000,00		
	26.000,00		26,000,00

EB = Endbestand

Der Buchungskreislauf

In einem geschlossenen Buchungskreislauf wird die Bilanz in Bestandskonten aufgelöst, welche dann nach ihrem Abschluss wieder in die Schlussbilanz übertragen werden.

Beispiel: Der geschlossene Buchungskreislauf

Die Geschäftsvorfälle und die zugehörigen Buchungssätze lauten (der Einfachheit halber ohne Kontonummern):

Es werden Waren auf Ziel gekauft für 2.700 €:
Waren an Verbindlichkeiten, 2.700 €

Ein Kunde bezahlt seine Rechnung über 4.000 € durch Banküberweisung:
Bank an Forderungen, 4.000 €.

Wir zahlen eine Lieferantenrechnung über 6.700 € durch Banküberweisung:
Verbindlichkeiten an Bank, 6.700 €.

Zur Darlehenstilgung wird eine Rate über 2.500 € per Banküberweisung gezahlt:
Darlehen an Bank, 2.500 €.

Die Pfeile in der nachfolgenden Darstellung verdeutlichen, wie aus der Eröffnungsbilanz die Bestandskonten gebildet werden, wie gebucht wurde und wie die Bestände in die Schlussbilanz gelangen. Mit der Übertragung der Endbestände auf die Schlussbilanz ist der Buchungskreislauf geschlossen. In der nächsten Periode wird die Schlussbilanz als Eröffnungsbilanz übernommen und über das Eröffnungsbilanzkonto wiederum in Konten aufgelöst.

Beispiel: Ein geschlossener Buchungskreislauf

AKTIVA	Eröffnungsbilanz		PASSIVA
Waren	150.000	Eigenkapital	37.200
Forderungen	45.000	Darlehen	100.000
Bank	7.200	Verbindlichkeit	65.000
	202.200		202.200

S	Waren		H
AB	150.000	EB	152.700
Verb.	2.700		
	152.700		152.700

S	Eigenkapital		H
EB	37.200	AB	37.200

S	Forderungen		H
AB	45.000	Bank	4.000
		EB	41.000
	45.000		45.000

S	Darlehen		H
Bank	2.500	AB	100.000
EB	97.500		
	100.000		100.000

S	Bank		H
AB	7.200	Verb	6.700
Ford.	4.000	Darl.	2.500
		EB	2.000
	11.200		11.200

S	Verbindlichkeiten		H
Bank	6.700	AB	65.000
EB	61.000	Waren	2.700
	67.700		67.700

AKTIVA	Schlussbilanz		PASSIVA
Waren	152.700	Eigenkapital	37.200
Forderungen	41.000	Darlehen	97.500
Bank	2.000	Verbindlichkeit	61.000
	195.700		195.700

Wie kommen Werteveränderungen in der Bilanz zustande?

Jede Buchung führt zu einer Werteveränderung in der Bilanz. Die Bilanz gibt also nach jeder Buchung bzw. nach jedem Geschäftsvorfall ein anderes Bild. Dabei sind vier verschiedene Arten von Veränderungen auszumachen:

- Bei einem **Aktivtausch** verändern sich nur Positionen der Aktivseite. Passivseite und Bilanzsumme bleiben unverändert. Beispiel: Wird eine neue Maschine gegen bar gekauft, so erhöht sich der Betrag bei der Bilanzposition Maschinen, und es verringert sich der Betrag in der Bilanzposition Kasse.
- Bei einem **Passivtausch** verändern sich nur Positionen der Passivseite. Aktivseite und Bilanzsumme bleiben unverändert. Beispiel: Das Darlehen eines Freundes wird in eine Beteiligung und damit in Eigenkapital umgewandelt.
- Bei einer **Aktiv-Passiv-Mehrung** werden Positionen der Aktiv- und Passivseite erhöht. Die Bilanzsumme erhöht sich ebenfalls. Beispiel: Es werden Waren auf Ziel gekauft (Verbindlichkeiten).
- Bei einer **Aktiv-Passiv-Minderung** werden Positionen der Aktiv- und Passivseite vermindert. Beispiel: Die Banküberweisung an einen Lieferanten verringert sowohl das Bankkonto als auch die Verbindlichkeiten.

> Sie müssen immer darauf achten, dass das Gleichgewicht der Bilanz erhalten bleibt. Kein Geschäftsvorfall darf zu einem Ungleichgewicht der beiden Bilanzseiten (Aktiva – Passiva) führen.

Auswirkungen auf die Bilanz erkennen und Fehler vermeiden

Da die Bilanz in Konten aufgelöst wurde, bevor die Buchungsarbeit beginnen konnte, spiegeln sich diese Werteveränderungen nicht direkt in der Bilanz wider. Es ist aber hilfreich zur Vermeidung von Buchungsfehlern, sich die Auswirkungen einer Buchung auf die Bilanz bewusst zu machen, und es trägt nicht unerheblich zum Verständnis der Buchführung bei. Hier wird auch die Frage zur Vorbereitung einer Buchung (Seite 34) aus dem zweiten Abschnitt deutlich.

Wenn Sie beim Buchen die Art des Kontos – Aktiv- oder Passivkonto – beachten, können Sie Fehler bei der Buchung vermeiden.

Kosten und Erlöse buchen

Bisher wurde die Buchführung als Bestandsrechnung dargestellt. Buchungen auf Bestandskonten führen zwar zu Veränderungen in der Bilanz, nicht aber zu einem Erfolg – es werden dabei weder Gewinn noch Verlust ausgewiesen. Tatsächlich lässt sich dies auf den Bestandskonten auch nicht darstellen.

In einem Unternehmen finden jedoch selbstverständlich auch ein Werteverzehr sowie ein Wertezuwachs statt. Solche Geschäftsvorfälle werden ebenfalls durch Buchungen festgehalten, und zwar auf den sogenannten „Erfolgskonten".

> Den Werteverzehr nennt man Aufwand, eine gängigere Bezeichnung dafür ist Kosten. Den Wertezuwachs nennt man Ertrag oder Erlös.

Wie Sie auf Erfolgskonten buchen

Jeder Geschäftsvorfall, der einen Aufwand oder Ertrag bewirkt, verändert (indirekt) das Kapitalkonto. Betriebsbedingte Aufwendungen schmälern das Kapital und stellen einen Verlust dar, Erträge erhöhen das Kapital, führen zu einem Gewinn.

Weil jedoch höchst unterschiedliche Geschäftsvorfälle zu Kosten oder Erlösen führen, und damit nicht jedes Mal beim Buchen das Kapitalkonto berührt werden muss, richtet man hierfür Erfolgskonten ein. Sie können sich diese Konten als Unterkonten des Kapitalkontos vorstellen. Zu unterscheiden sind dabei

- **Aufwandskonten**, z. B. Gehaltskonten, Mietkonten oder das Konto Allgemeine Verwaltungskosten. Auf ihnen verzeichnen Sie betrieblich bedingte Kapitalminderungen.
- **Ertragskonten**, z. B. Verkaufserlöse oder Nebenerlöse aus Vermietung. Auf ihnen werden betrieblich bedingte Kapitalerhöhungen bzw. Einnahmen gebucht.

Und so buchen Sie richtig:

- Da das Eigenkapitalkonto ein Passivkonto ist, werden Anfangsbestand und Zugänge auf der Haben-Seite gebucht, Abgänge in das Soll. Der Saldo steht ebenfalls im Soll, um dann als Gegenbuchung im Haben (bzw. der Aktiva) der Bilanz zu erscheinen.
- Auf Erfolgskonten buchen Sie entsprechend: Erträge kommen auf die Haben-, Aufwendungen auf die Soll-Seite.

Beispiel: Buchung auf einem Aufwandskonto

Ein erfolgsrelevanter Vorgang ist die Zahlung der Miete durch Banküberweisung. Die Mietzahlung ist ein Aufwand und steht daher im Soll. Der Buchungssatz dazu lautet:
Miete an Bank

Beispiel: Buchung auf einem Ertragskonto

Ebenfalls erfolgsrelevant, jedoch als Einnahme, ist ein Nebenerlös aus einer Miete. Der Buchungssatz lautet folglich:
Bank an Nebenerlöse aus Miete

Erfolgskonten sind Unterkonten des Kapitalkontos, die Kosten und Erlöse sichtbar machen; auf ihnen werden die Geschäftsvorgänge unter dem Aspekt des Erfolgs gebucht.

Wie Sie Erfolgskonten abschließen

Sämtliche Erfolgskonten werden in der Gewinn- und Verlustrechnung (GuV) abgeschlossen. Mit dem Ergebnis der GuV erhalten Sie dann den Betriebserfolg. Dieser fließt in die Bilanz ein, und zwar über das Eigenkapitalkonto.

Die Gewinn- und Verlustrechnung ist neben dem Betriebsvermögensvergleich die zweite Form der Gewinnermittlung. Alle Unternehmen, die zur doppelten Buchführung verpflichtet sind, müssen im Rahmen des Jahresabschlusses eine Gewinn- und Verlustrechnung vornehmen (§ 242 HGB).

In der Praxis wird die Schlussbuchung der Erfolgskonten über das **Konto Gewinn- und Verlustrechnung** vorgenommen. Und so schließen Sie die Erfolgskonten ab:

1 Ermitteln Sie den Saldo von jedem Konto (dabei gehen Sie so vor wie beim Abschluss der Bestandskonten). Den Saldo weisen Sie als „GuV" aus.

2 Die Salden buchen Sie dann auf das Gewinn- und Verlustkonto.

   - Bei den **Aufwandskonten** buchen Sie:

     Gewinn- und Verlustkonto an Aufwandskonto

   - Bei den **Ertragskonten** buchen Sie:

     Ertragskonto an Gewinn- und Verlustkonto

3 Auf dem GuV-Konto bilden Sie ebenfalls die Summe der stärkeren Seite und ermitteln den Saldo. Den Saldo weisen Sie als „Gewinn" aus, wenn er auf der Soll-Seite steht, als „Verlust", wenn er auf der Haben-Seite steht.

4 Diesen Saldo buchen Sie schließlich auf das Eigenkapitalkonto. Die Abschlussbuchungen lauten entsprechend:

   - bei **Gewinn**:

     Gewinn- und Verlustkonto an Kapitalkonto

   - bei **Verlust**:

     Kapitalkonto an Gewinn- und Verlustkonto

Sind die Erlöse größer als die Kosten, wird ein Gewinn ausgewiesen. Sind die Erlöse kleiner als die Kosten, so ist ein Verlust entstanden. Der Gewinn wird immer auf der Soll-Seite der Gewinn- und Verlustrechnung (per Saldo) ausgewiesen der Verlust auf der Haben-Seite. Zu diesem Vorgang finden Sie ein einfaches Beispiel auf der folgenden Seite. Es stellt den wünschenswerten Fall dar, dass nach Abzug aller Kosten noch etwas übrig bleibt: der Gewinn.

Beispiel: Von den Erfolgskonten über die GuV zum Eigenkapitalkonto

S	Miete		H
	20.000	GuV	20.000
	20.000		20.000

S	Verkaufserlöse		H
GuV	180.000	GuV	180.000
	180.000		180.000

S	Personal		H
	80.000	GuV	80.000
	80.000		80.000

S	Allg. Verwaltungungskosten		H
	22.000	GuV	22.000
	22.000		22.0500

Soll	Gewinn- und Verlustrechnung		Haben
Miete	20.000	Verkaufserlöse	180.000
Personalkosten	80.000		
Allg. Verwaltungungskosten	22.000		
Gewinn	58.000		
	180.000		180.000

S	Eigenkapital		H
EB	148.000	AB	90.000
		GuV	58.000
	148.000		148.000

Wie die Umsatzsteuer gebucht wird

Auch die Verbuchung von Steuern gehört zum Alltag des Buchhalters. Allen voran spielt die Umsatzsteuer (Mehrwertsteuer) bei den meisten Geschäftsvorfällen eine wichtige Rolle. Die Buchhaltung liefert in diesem Zusammenhang etwa die Daten, die für die Umsatzsteuervoranmeldung relevant sind.

Was ist die Umsatzsteuer?

Die Umsatzsteuer ist keine gewinnbezogene Steuer, sondern wird auf die Einnahmen aus der unternehmerischen Tätigkeit erhoben. Das Prinzip der Umsatzsteuer beruht darauf, dass auf jeder Produktions- oder Handelsstufe nur der Wert besteuert wird, der dem Produkt durch Weiterverarbeitung oder Weiterveräußerung zugeführt wird – daher auch die Bezeichnung **Mehrwertsteuer**. Dies wird durch die Regelung des Vorsteuerabzugs recht einfach gehandhabt.

> Die Umsatzsteuer ist für das Unternehmen kostenneutral. Es handelt sich um eine Verbrauchssteuer.

Wie Sie die Vorsteuer abziehen

Jeder darf von seiner Umsatzsteuerschuld, die sich aus den Umsatzerlösen ermittelt, den Teil der Umsatzsteuer, den er selbst im Zusammenhang seiner betrieblichen Tätigkeit gezahlt hat (Umsatzsteuer auf Rohstoffe, Betriebsstoffe, Handelsware etc.), von der Steuerschuld abziehen. Diese Steuer nennt man **Vorsteuer**. In der Umsatzsteuervoranmeldung können Sie bereits den Vorsteuerabzug vornehmen.

Beispiel

August 20XX	Betrag	USt.
1 Umsatzerlöse brutto darin enthalten 19 % USt.	357.000 €	 57.000 €
2 Einkauf Handelswaren darin enthalten 19 % USt.	202.300 €	 32.300 €
3 Sonstige Kostenrechnungen darin enthalten 19 % USt.	17.850 €	 2.850 €
4 Sonstige Kostenrechnungen darin enthalten 7 % USt.	9.630 €	 630 €
5 Vorsteuer gesamt (Pos. 2 bis 4)		35.780 €
Umsatzsteuerschuld USt mit VSt verrechnet (Pos. 1 – Pos. 5)		**21.220 €**

Welche Rechtsvorschriften sind wichtig?

Niedergelegt sind die Bestimmungen zur Umsatzsteuer im

- Umsatzsteuergesetz (UStG),
- den Umsatzsteuer-Richtlinien (UStR),
- den Umsatzsteuerdurchführungsverordnungen (UStDV).

Das Umsatzsteuergesetz finden Sie im Internet unter: www.gesetze-im-internet.de/ustg_1980/index.html

Was überhaupt der Umsatzsteuer unterliegt, steht in § 1 des UStG:

- Lieferungen und sonstige Leistungen, die ein Unternehmer im Inland gegen Entgelt im Rahmen seines Unternehmens ausführt.
- Entnahme für private Zwecke im Inland.
- Lieferungen und sonstige Leistungen, die Körperschaften und Personenvereinigungen an ihre Anteilseigner, Gesellschafter, Mitglieder, Teilhaber oder diesen nahe stehenden Personen ausführen, für die die Leistungsempfänger kein Entgelt aufwenden (im Klartext also: wenn Unternehmen an diese Personen etwas verschenken).
- Einfuhr in das Zollgebiet (hier heißt die Umsatzsteuer dann: Einfuhrumsatzsteuer).

Wer ist umsatzsteuerpflichtig?

Wer ist nun alles Unternehmer im Sinne des Umsatzsteuergesetzes, und was sind Lieferungen und Leistungen?

- Ein Unternehmer ist, wer eine gewerbliche oder berufliche Tätigkeit selbstständig ausübt. Gewerblich oder beruflich ist jede nachhaltige Tätigkeit zur Erzielung von Einnahmen, auch wenn die Absicht, Gewinn zu erzielen, fehlt oder eine Personenvereinigung nur gegenüber ihren Mitgliedern tätig wird. (§ 2 UStG)
- Lieferungen sind Leistungen, durch die der Unternehmer – oder in seinem Auftrag ein Dritter – den Abnehmer oder in dessen Auftrag einen Dritten befähigt, im eigenen Namen über einen Gegenstand zu verfügen. (§ 3 UStG)

Lediglich Kleinunternehmer, deren Umsatz zuzüglich der darauf entfallenen Steuer im vorangegangenen Kalenderjahr 17.500 € nicht überstiegen hat, sind von der Umsatzsteuer befreit. Votieren sie dennoch für die Umsatzsteuer, sind sie für fünf Jahre daran gebunden. (§ 19, Abs. 1 und 2 UStG)

Die Zahlungszeiträume beachten

Die erzielte Umsatzsteuer muss innerhalb einer bestimmten Frist an das Finanzamt abgeführt werden. Jeder Unternehmer ist verpflichtet, binnen 10 Tagen nach Ablauf des Kalendermonats, im sogenannten **Voranmeldezeitraum**, eine Umsatzsteuervoranmeldung auf einem entsprechenden Vordruck abzugeben und die Zahlung zu leisten. Nach Ende des Kalenderjahres ist dann eine Umsatzsteuererklärung (bis zum 31.5.) abzugeben, die ggf. die Voranmeldung korrigiert oder bestätigt. Beträgt die Umsatzsteuer des Vorjahrs aber nicht mehr als 7.500 €, so ist nicht der Monat, sondern das Kalendervierteljahr Voranmeldezeitraum. (§ 18 UStG)

Die Frist zur Abgabe der Umsatzsteuererklärung kann mittels einer Dauerfristverlängerung um einen Monat verlängert werden. Für Betriebe oder Personen, die nur quartalsweise zur Abgabe verpflichtet sind, lohnt sich das ganz besonders dann, wenn keine Sondervorauszahlungen nötig sind. Für alle anderen gilt, dass bei einer **Dauerfristverlängerung** eine Sondervorauszahlung zu Beginn des Kalenderjahres zu leisten ist, die 1/11 der Summe der Vorauszahlungen des vorangegangenen Kalenderjahres entspricht (§§ 46–48 UStDV).

Welche Steuersätze es gibt und wie Sie die Beträge ermitteln

Sieht man von einigen Sonderfällen ab, so gibt es in der Bundesrepublik drei wesentliche Steuersätze (in anderen Ländern ist dies unterschiedlich geregelt):

- Die Steuerbefreiung von 0 %. Die wichtigsten Steuerbefreiungen sind: Ausfuhrlieferungen, Lohnveredelung für ausländische Auftraggeber, Umsätze im Geld- und Kapitalverkehr, Grundstücksumsätze, Vermietungs- und Verpachtungsumsätze, Umsätze im medizinischen Bereich.
- Ermäßigter Steuersatz von zurzeit 7 %; er ist hauptsächlich auf bestimmte Gegenstände bezogen (Lebensmittel, Bücher, Holz, Vieh- und Pflanzenzucht, Tierzucht, Künstlerische Leistungen).
- Allgemeiner Steuersatz von zurzeit 19 %; dieser Steuersatz gilt im Wesentlichen für Lieferungen und Leistungen, Entnahmen für private Zwecke und Einfuhren.

> Auch die Steuerbefreiung ist in der Buchhaltung als ein Steuersatz, und zwar von 0 %, anzusehen. Umsätze, die steuerbefreit sind, müssen in den Steuererklärungen ausgewiesen werden.

Wenn die Steuer aus den Belegen herausgerechnet werden muss, können Sie sie relativ leicht aus den Netto- bzw. Bruttobeträgen ermitteln.

Bei **Nettobeträgen** rechnen Sie:

$$\text{Umsatzsteuer } 19\,\% = \text{Nettobetrag} \times \frac{19}{100}$$

$$\text{Umsatzsteuer } 7\,\% = \text{Nettobetrag} \times \frac{7}{100}$$

Bei **Bruttobeträgen**:

$$\text{Umsatzsteuer } 19\,\% = \text{Bruttobetrag} \times \frac{19}{119}$$

$$\text{Umsatzsteuer } 7\,\% = \text{Bruttobetrag} \times \frac{7}{107}$$

Auf welchen Konten gebucht wird

Da die Umsatzsteuer an das Finanzamt abgeführt wird, müssen Sie in der Buchhaltung Konten für diese Steuer einrichten. Theoretisch könnte man alle Umsatzsteuerbuchungen (Vorsteuer und Mehrwertsteuer) über ein Konto laufen lassen. Am Ende käme schon das korrekte Ergebnis – die Zahllast an das Finanzamt – heraus (soweit keine Fehler gemacht wurden). Dieses Vorgehen ist aber nicht praktikabel, da es keine Übersichtlichkeit gewährt und eine Fehlersuche erschwert.

Deshalb wird in der Buchhaltung sowohl ein Konto für die Vorsteuer als auch für die Umsatzsteuer eingerichtet. Das

Vorsteuerkonto schließt man dann über das Umsatzsteuerkonto ab und ermittelt so die Zahllast.

Beispiel: Buchungs- und Abschlusstechnik im Zusammenhang mit der Umsatzsteuer

Die Geschäftsvorfälle und die zugehörigen Buchungssätze lauten:

Wareneinkauf auf Ziel, 15.000 €, netto:
5200 Handelswaren, 15.000 € und
1400 Vorsteuer, 2.850 €
an 3300 Verbindlichkeiten a. L. L., 17.850 €

Warenverkauf auf Ziel, 22.000 €, netto:
1200 Forderungen, 26.180 €
an 4000 Warenverkauf, 22.000 € und
an 3800 Umsatzsteuer, 4.180 €

Abgeschlossen wird die Vorsteuer (Haben) über das Umsatzsteuerkonto (Soll):
3800 Umsatzsteuer, 2.850 €
an 1400 Vorsteuer, 2.850 €.

S	5200 Handelswaren		H
3300	15.000,00		

S	1400 Vorsteuer		H
3300	2.850,00	3800	2.850,00
	2.850,00		2.850,00

S	3300 Verbindlichkeiten		H
	15.000,00	5200/1400	17.850,00

S	4000 Warenverkauf		H
		1200	22.000,00

S	3800 Umsatzsteuer		H
1400	2.850,00	1200	4.180,00
Zahllast	1.330,00		
	4.180,00		4.180,00

S	1200 Forderungen		H
4000/3800	26.180,00		

Der Saldo von 1.330 €, der sich auf dem Konto 3800 Umsatzsteuer ergibt, ist die Zahllast an das Finanzamt. Diese Form der Umsatzsteuerverbuchung wird auch als **Nettoverfahren** bezeichnet. Das **Bruttoverfahren** verzichtet auf eine Einzelberechnung der Umsatzsteuer. Hier werden alle Beträge brutto auf den entsprechenden Konten verbucht und erst zum Ende des Voranmeldungszeitraums aus den Konten herausgezogen.

> Das Bruttoverfahren ist nur sinnvoll bei kleineren Betrieben mit wenigen Rechnungen bzw. im Einzelhandel, in dem die Umsatzsteuer noch nicht gesondert herausgerechnet wird.

Die Umsatzsteuer ist natürlich nicht nur bei Warenbuchungen zu berücksichtigen. Jede Rechnung, die in einem Unternehmen anfällt, ist auf Umsatzsteuer hin zu prüfen. Darüber hinaus müssen Sie auch innerbetriebliche Vorgänge hinsichtlich einer Umsatzbesteuerung untersuchen.

Wenn zum Abschluss noch Zahlungen ausstehen

Es kann vorkommen, dass zu einem Abschlusszeitpunkt (Monats-, Quartals-, Jahresende) noch eine Zahllast an das Finanzamt offen steht oder vom Finanzamt noch Zahlungsüberhänge zu erwarten sind. Dann schließen Sie die Zahllast an das Finanzamt über das Konto **Sonstige Verbindlichkeiten**, den Zahlungsüberhang über das Konto **Sonstige Forderungen** in der Bilanz ab (siehe auch Kapitel „Der Jahresabschluss" im Abschnitt „Wann sind Rückstellungen und Abgrenzungen vorzunehmen", Seite 99).

Beispiel

Das Beispiel von Seite 65 wird demnach folgendermaßen fortgeführt:

3800 Umsatzsteuer 1.330 €
an 3500 Sonstige Verbindlichkeiten, 1.330 €.

Wenn die Steuer dann an das Finanzamt gezahlt wird:
3500 Sonstige Verbindlichkeiten, 1.330 € an 1800 Bank, 1.330 €.

Falls die Zahlung vor Bilanzabschluss nicht mehr erfolgt, wird das Konto Sonstige Verbindlichkeiten – und damit auch die darauf noch enthaltene Umsatzsteuerschuld an das Finanzamt – über die Schlussbilanz abgeschlossen:
3500 Sonstige Verbindlichkeiten an Schlussbilanz.

Die Verbuchung der Zahllast auf Sonstige Verbindlichkeiten nennt man auch Passivierung (nach der Passivseite der Bilanz, auf der hier gebucht wird), die Verbuchung des Überhangs auf Sonstige Forderungen nennt man auch Aktivierung (nach der Aktivseite der Bilanz).

Wie Sie die sonstigen Unternehmenssteuern buchen

Neben der Umsatzsteuer gibt es noch zahlreiche andere Unternehmenssteuern, die Sie in der Buchhaltung berücksichtigen müssen. Man unterscheidet grundsätzlich in:

- Aktivierungspflichtige Steuern, z. B. Grunderwerbsteuer
- Aufwandsteuern, u. a. Gewerbesteuer, Kfz-Steuer, Wechselsteuer
- Personensteuern: Einkommen- und Kirchensteuer, Vermögenssteuer, Körperschaftssteuer.

So gehen Sie vor

Aktivierungspflichtige Steuern sind kein Aufwand, sondern Anschaffungsnebenkosten. Sie erhöhen den Wert einer Sache. So verbuchen Sie etwa die Grunderwerbssteuer folgendermaßen:

0200 Grund und Boden unbebaut an 1800 Bank

Abgeschlossen werden die aktivierungspflichtigen Steuern über die Bilanz.

Aufwandsteuern sind Aufwendungen des Unternehmens, die den Gewinn mindern oder den Verlust vergrößern. Sie gehen in die Kalkulation der Erzeugnisse ein. Mindern sie den Gewinn, wird dadurch der Aufwand an Personensteuern geringer. Als erfolgsbeeinflussende Steuern müssen Sie die Aufwandsteuern auf Erfolgskonten buchen. Bei Kfz-Steuern etwa gehen Sie folgendermaßen vor:

7685 Kfz-Steuer an 1800 Bank

Aufwandsteuern werden über die Gewinn- und Verlustrechnung abgeschlossen.

Personensteuern betreffen die Person des Unternehmers und werden über das Privatkonto abgeschlossen. Man nennt diese Steuern deshalb auch Privatsteuern. Sie dürfen nicht den steuerpflichtigen Gewinn mindern und sind aus dem Gewinn zu zahlen. Die Buchung der Einkommensteuer für den Unternehmer lautet:

9490 Privatkonto an 1800 Bank

oder

9510 Privatsteuern an 1800 Bank

Das Konto Privatsteuern schließen Sie über das **Privatkonto** ab („Der richtige Umgang mit dem Privatkonto", ab Seite 88).

Kapitalgesellschaften (z. B. AG oder GmbH) zahlen keine Einkommensteuer, dafür aber **Körperschaftssteuer**. Da bei Kapitalgesellschaften kein Privatkonto vorhanden ist, wird über ein Abgrenzungskonto zwischengebucht. Auch hier findet ein Abschluss über das Gewinn- und Verlustkonto statt.

Die **Vermögenssteuer** kann sowohl bei Personen- als auch bei Kapitalgesellschaften anfallen. Entsprechend wird dann auch gebucht: im ersten Fall über das Privatkonto, im zweiten Fall über ein Abgrenzungskonto.

Richtig buchen im Waren- und Zahlungsverkehr

An reiner Buchungstechnik ist jetzt kaum noch etwas zu vermitteln. Allerdings soll an den verschiedenen Geschäftsvorfällen gezeigt werden, wie in der Unternehmenspraxis in der Regel verfahren wird.

Worum geht es im Warenverkehr?

Die Warenkonten gehören in den Unternehmen aus Einzelhandel, Großhandel und Industrie sicherlich zu den wichtigsten Konten überhaupt. Schließlich dreht sich ja der ganze Geschäftsverkehr um die Waren, die hergestellt, weiterverarbeitet oder gehandelt werden.

Warenbewegungen sind:

- der Einkauf von Waren (Warenbestand nimmt zu)
- der Verkauf von Waren (Warenbestand nimmt ab)
- der Warenbestand wird korrigiert, z. B. nach einer Inventur (der Buchbestand nimmt zu oder ab)
- Ware wird entnommen, z. B. für Muster oder Eigenverbrauch (Bestand nimmt ab).

Warenverkäufe sind nicht erfolgsneutral. In der Regel bewirken sie einen positiven Erfolg (Ertrag), wenn sie über dem Einstandspreis verkauft werden. Gelegentlich kann es aber auch vorkommen, dass ein negativer Erfolg (Verlust) eintritt, wenn ein Verkauf unter dem Einstandspreis erfolgt.

Warenbewegung und Kalkulation

Der normale Vorgang einer Warenbewegung ist folgender:

1. Die Ware wird zu einem bestimmten Preis gekauft (**Warenpreis**).
2. Dazu kommen Kosten, die nötig sind, die Ware zu besorgen (**Bezugskosten**).

3 Beides zusammen ergibt den **Einstandspreis** (auch Bezugspreis).

4 Über einen **Zuschlag** auf den Bezugspreis wird versucht, möglichst alle anfallenden Kosten (Lagerkosten, Verwaltungskosten, Vertriebskosten etc.) abzudecken.

5 Außerdem wird ein **Gewinnzuschlag** gerechnet.

6 Einstandspreis plus die aufgeführten Kalkulationszuschläge ergeben den **Verkaufspreis**.

Beispiel: Kalkulation

Einkaufspreis Mountain Bike	475,00 €
+ Bezugskosten (Fracht etc.)	67,50 €
Einstandspreis	542,50 €
+ Allgemeiner Kostenzuschlag 15 %	83,38 €
+ Gewinnzuschlag 25 %	135,62 €
Verkaufspreis	**761,50 €**

Die Kalkulation von Waren ist Thema der **Kostenträgerrechnung**, genauer der Kostenträger-Stückrechnung. Sie ist selten so einfach durchzuführen, wie das im obigen Beispiel dargestellt ist, und es ist auch nicht Aufgabe des Buchhalters, Kalkulationen vorzunehmen. Zum Verständnis der Buchungsvorgänge und insbesondere für die Bewertung im Warenbereich ist es aber nützlich, wenn Sie über Grundkenntnisse der Kalkulation verfügen.

Welche Konten es gibt

Wenn die Waren zu anderen Preisen verkauft werden, als sie eingekauft wurden, dann kann nicht mehr direkt aus der Buchhaltung ersehen werden, was mengen- und wertmäßig im Lager liegt. Deshalb werden drei Arten von Konten geführt:

- Warenbestandskonten
- Wareneingangskonten
- Warenverkaufskonten

Wareneingangskonten und Warenverkaufskonten schließen Sie über das Gewinn- und Verlustkonto ab. Aus der Differenz ergibt sich der Rohgewinn (oder der Rohverlust). Das Warenbestandskonto wird durch die Inventur (einmal oder mehrmals jährlich) korrigiert und über die Bilanz abgeschlossen. Für eine aussagefähige Buchhaltung sollte diese Bestandskorrektur monatlich vorgenommen werden. Zur Aufstellung der Bilanz müssen die Warenbestände außerdem bewertet werden. Warenbestände und Wareneingang werden in der Buchhaltung zum Einstandspreis bewertet; d. h. zur Werterмittlung wird der Warenpreis plus aller Bezugskosten, aber ohne Kalkulationszuschläge herangezogen (§ 253 HGB). Wird Ware aus dem Ausland bezogen, so ist außerdem der tagesaktuelle Kurs zu berücksichtigen.

> Der Gesetzgeber verlangt eine vorsichtige Bewertung der Vermögensgegenstände: „... namentlich sind alle vorhersehbaren Risiken und Verluste, die bis zum Abschlussstichtag entstanden sind, zu berücksichtigen, selbst wenn diese erst zwischen dem Abschlussstichtag und dem Tag der Aufstellung des Jahresabschlusses bekannt geworden sind ..." (§ 252 HGB).

Wie werden Warenbewegungen gebucht?

Nun zur eigentlichen Buchungspraxis.

- **Wareneingänge** buchen Sie auf **Wareneingangskonten.** Abhängig von der Zahlung werden als Gegenkonto Verbindlichkeiten (Kauf auf Ziel/Rechnung) oder Geldkonten (Bank, Kasse, Postbank) benutzt.
- **Warenverkäufe** buchen Sie über das **Warenverkaufskonto.** Als Gegenkonto werden Forderungen (Lieferung auf Ziel/Rechnung) oder Geldkonten (Bank, Kasse, Postbank, Wechsel) benutzt.

Beispiel

Wareneinkauf

Der Kauf von Waren für 30.000 € exkl. 19 % MwSt auf Ziel (Rechnung) führt zu folgender Buchung:
5200 Wareneinkauf, 30.000 € und
1400 Vorsteuer, 5.700 €
an 3300 Verbindlichkeiten aus Lieferungen und Leistungen, 35.700 €.

Warenverkauf

Der Verkauf von Waren für 17.500 € exkl. 7 % MwSt auf Ziel (Rechnung) führt zu folgender Buchung:
1200 Forderungen aus Lieferungen und Leistungen, 18.725 €
an 4300 Umsatzerlöse 7 %, 17.500 € und
3800 Umsatzsteuer 7 %, 1.225 €.

Was sind Nebenkosten und wie werden sie gebucht?

In der Praxis fallen neben dem reinen Warenpreis beim Kauf eines Produktes oder Rohstoffs weitere Kosten an, die sogenannten Warenbezugskosten. Das sind je nach Fall:

- Transportkosten
- Zölle
- Vermittlungsgebühren
- Mindermengenzuschläge
- Versicherungen.

Der Gesetzgeber spricht in diesen Fällen von Anschaffungsnebenkosten und legt in § 255 HGB fest, dass diese Nebenkosten zu den Anschaffungskosten gerechnet werden, auch für den Fall, dass diese erst nachträglich auftreten.

Gebucht werden diese Kosten auf einem besonderen Konto in der Gruppe der Warenkonten, dem Konto **Anschaffungsnebenkosten**. Abgeschlossen wird das Bezugskonto über das **Wareneingangskonto**, es handelt sich also um ein Unterkonto des Wareneingangkontos.

Beispiel: Buchung von Warenbezugskosten

Eine Warenrechnung enthält die Posten: 300 € Warenwert (netto), Mindermengenzuschlag 10 % auf den Nettopreis, Verpackungskosten 10 € (netto), Transportversicherung 5 €. Der Transporteur kassiert bei der Anlieferung 10 € brutto. Das ergibt drei Buchungssätze:

5200 Wareneinkauf, 300 € und
1400 Vorsteuer, 57 €
an 3300 Verbindlichkeiten aus Lieferungen u. Leistungen, 357 €

5800 Anschaffungsnebenkosten, 45 € und
1400 Vorsteuer, 8,55 €
an 3300 Verbindlichkeiten aus L. u. L., 53,55 €

5800 Anschaffungsnebenkosten, 8,40 € und
1400 Vorsteuer, 1,60 €
an 1600 Kasse, 10 €

Die vorbereitende Abschlussbuchung lautet:
5200 Wareneinkauf an 5800 Anschaffungsnebenkosten

Wann Sie Nebenkosten beim Verkauf separat buchen müssen

Ähnlich wie beim Wareneinkauf können auch beim Warenverkauf Nebenkosten entstehen. Wenn sich diese auf den Kunden abwälzen lassen, so entstehen Verkaufserlöse. Werden diese Nebenkosten aufgrund von Verträgen und Lieferbedingungen aber selbst getragen, müssen sie separat gebucht werden. Auch Provisionen gehören zu den Warenverkaufsnebenkosten. Die Konten dazu finden sich in der Gruppe 5 (Aufwendungen) des Kontenrahmens.

Beispiel: Nebenkosten des Warenverkaufs

In Rechnung gestellt werden: Warenverkauf 5.000 € netto, Pauschale für Versandkosten 20 € (netto); die Kosten für Verpackungsmaterial 15 € brutto, werden selbst übernommen. Die Buchungen lauten:

1200 Forderungen, 5.973,80 €
an 4300 Umsatzerlöse, 5.020 € und
3800 Umsatzsteuer 19 %, 953,80 €

6710 Verpackungsmaterial, 12,60 € und
1400 Vorsteuer 19 %, 2,40 €
an 1600 Kasse, 15 €

Wie werden Rücksendungen und Korrekturrechnungen gebucht?

Immer wieder kann es vorkommen, dass Waren zurückgeschickt werden, sowohl von Kunden an das buchende Unternehmen, als auch von diesem an Lieferanten. Oder es werden Korrekturrechnungen (Gutschriften) ausgestellt, weil die Ware nicht dem Angebot entspricht, teilweise wertgemindert war oder aus sonstigen Gründen. Damit auch solche Vorgänge transparent werden, muss sich die Buchhaltung damit auseinander setzen.

Beim **Wareneinkauf** können Sie direkt auf das Wareneinkaufskonto buchen oder ein Unterkonto des Wareneinkaufskonto einrichten, welches dann über dieses abgeschlossen werden muss.

Auf der **Warenverkaufsseite** buchen Sie ebenfalls direkt auf eines der Umsatzkonten oder erstellen ein Unterkonto dazu.

Beispiel: Korrekturrechnung eines Lieferanten

Ein Lieferant schickt eine Korrekturrechnung (Gutschrift) über 10 % auf eine vorausgegangene Lieferung über 25.000 € (netto), da die Ware beim Transport durch unsachgemäße Verpackung gelitten hat. Und so buchen Sie:

3310 Verbindlichkeiten aus L. u. L., 2.975 €
an 5200 Wareneinkauf, 2.500 € und
1400 Vorsteuer, 475 €

Beispiel: Korrekturrechnung für einen Kunden

Ein Kunde sendet Waren zurück. Es werden ihm 892,50 € (brutto) gutgeschrieben. Dann sieht die Buchung so aus:

4300 Umsatz 19 %, 750 € und
3800 Umsatzsteuer 19 %, 142,50 €
an 1200 Forderungen, 892,50 €.

Daran müssen Sie denken: Rücksendungen und Korrekturrechnungen berühren nicht nur die Warenkonten (Wareneingang und Umsatz), sondern auch die jeweiligen Umsatzsteuerkonten.

Wie werden Rabatte und Boni gebucht?

Bei Rabatten hat es der Buchhalter leicht; sie dürfen sofort abgezogen werden. Eine Buchung auf ein gesondertes Konto erübrigt sich somit.

Beispiel: Rabattbuchung

Waren für 5.000 € (netto) werden gekauft. Darauf wird ein Rabatt von 5 % gewährt:

5200 Wareneinkauf, 4.750 € und
1400 Vorsteuer, 902,50 €
an 3300 Verbindlichkeiten aus L. u. L., 5.652,50 €

Etwas komplizierter ist die Behandlung der sogenannten Boni. Dabei handelt es sich um nachträglich gewährte Rabatte, etwa einen umsatzbezogenen Rabatt am Jahresende. Diese Boni verändern die Verkaufs- bzw. Einkaufspreise und damit die Bemessungsgrundlage für die Umsatzsteuer. Deshalb ist hierbei eine zusätzliche Buchung nötig. Falls keine speziellen Unterkonten für solche Nachlässe eingerichtet wurden, buchen Sie ebenfalls über das Wareneinkaufs- oder Umsatzkonto.

Beispiel: Bonus-Buchung

Ein Kunde bekommt einen Bonus von 2 % auf den Umsatz von 500.000 € (netto):

4300 Umsatz, 10.000 € und
3800 Umsatzsteuer 19 %, 1.900 €
an 1200 Forderungen, 11.900 €

Welche Abschlussbuchungen sind für Warenkonten nötig?

Bei der Inventur (siehe auch Seite 25) wird der Warenbestand gezählt, bewertet und gebucht. Es können folgende Situationen eintreten:

- Der Endbestand ist höher als der Anfangsbestand. Das Lager wurde aufgebaut. Es wurde also mehr eingekauft als verkauft. Man spricht auch von einer **Warenbestandsmehrung**. Gebucht wird in diesem Fall:

  1140 Warenbestand an 5200 Wareneinkauf

- Der Endbestand ist niedriger als der Anfangsbestand. Das Lager wurde abgebaut. Es wurde also mehr verkauft als eingekauft. Man spricht auch von einer **Warenbestandsminderung**. Gebucht wird in diesem Fall:

  5200 Wareneinkauf an 1140 Warenbestand

Auf dem Wareneingangskonto ergibt sich der sogenannte Wareneinsatz. Das sind die Waren, die dann auch tatsächlich verkauft wurden. Aus der Differenz zwischen dem Warenverkauf und dem Wareneingangskonto kann der Rohertrag ermittelt werden. So geht man allerdings in der Praxis nicht vor. Gebucht wird über das Gewinn- und Verlustkonto.

Das Warenbestandskonto wird über die Schlussbilanz (Aktiva) abgeschlossen:

Schlussbilanzkonto an 1140 Warenbestand

Das Skonto berücksichtigen

Die bezogenen oder gelieferten Waren müssen natürlich auch bezahlt werden. Bei diesen Zahlungsvorgängen gibt es eine Reihe von Details, die Sie berücksichtigen müssen. So etwa das Skonto, das ein Lieferant dem Unternehmen einräumt.

Beispiel

Ein Lieferant schreibt auf die Rechnung: „Zahlungsziel 30 Tage netto, 2 % Skonto bei Zahlung innerhalb von 8 Tagen." Zwei Prozent Abzug von der Rechnung sind nicht wenig, da lohnt sich sogar die Überziehung des eigenen, zinspflichtigen Kontos.

Wie wird das nun gebucht? Skonto wird in den Kontenklassen **Warenkonten** bzw. **Warenverkaufskonten** gebucht. In der Regel schafft man dazu Unterkonten der jeweiligen Wareneingangs- bzw. Umsatzkonten. Es ist aber auch üblich, Skonto in der Klasse 2 (Abgrenzungskonten) zu buchen. In beiden Fällen findet ein Abschluss über die Gewinn- und

Verlustrechnung statt. Da Skonto nachträglich – also erst bei der Zahlung – gebucht wird, entsteht zusätzlicher Buchungsaufwand.

Beispiel: Erhaltenes Skonto

Eine bereits verbuchte Rechnung an das Unternehmen wird mit Skontoabzug gezahlt. Der Rechnungsbetrag lautet 17.400 €, 2 % Skonto davon sind 348 €. Aus diesem Betrag müssen Sie noch die Umsatzsteuer herausrechnen = 55,56 €.

Die Buchung sieht dann folgendermaßen aus:

3300 Verbindlichkeiten aus L. u. L., 17.400 €
an 1800 Bank, 17.052 € und
5730 erhaltene Skonti, 292,44 € und
1400 Vorsteuer, 55,56 €

Beispiel: Gewährtes Skonto

Ein Kunde zahlt eine Rechnung über 13.920 € nach 7 Tagen mit Abzug von 1 % Skonto.

1800 Bank, 13.780,80 € und
4730 gewährte Skonti, 116,97 € und
3800 Umsatzsteuer 19 %, 22,23 €
an 1200 Forderungen aus L. u. L., 13.920 €

Bei Skonti-Buchungen müssen Sie daran denken, dass auch eine Korrektur der Umsatzsteuer stattfinden muss. Bei Warenlieferungen müssen Sie den Vorsteuerabzug korrigieren, bei Warenumsätzen die Umsatzsteuer verringern.

Wie wird in der Buchhaltung mit Rückbuchungen verfahren?

Es kann immer wieder vorkommen, dass beispielsweise beim Einzug per Lastschrift eine Zahlung nicht akzeptiert wird. Dabei können unterschiedliche Gründe vorliegen:

- Die Bank akzeptiert den Einzug nicht, weil das Konto nicht ausreichend gedeckt ist.
- Die Bank akzeptiert den Einzug nicht, weil er unvollständig oder ungenau ist.
- Der Kontoinhaber akzeptiert den Einzug nicht und widerspricht, die Bank lässt den Einzug zurückgehen.
- Das Konto existiert nicht (mehr).

In den meisten Fällen ist es aber so, dass bereits eine Buchung vorgenommen wurde. Diese ist nun zu korrigieren.

Beispiel: Rückbuchung mit Bankgebühren

Aufgrund einer vorliegenden Einzugsermächtigung wurde von einem Kundenkonto der Betrag von 3.210 € abgebucht. Drei Tage später belastet die Bank das Konto wieder mit diesem Betrag, weil ein Widerspruch der Bank des Kunden erfolgt ist. Außerdem wird das Konto mit 10 € Gebühren belastet. Die zwei Buchungen sehen folgendermaßen aus:

1800 Bank, 3.210 €
an 1200 Forderungen aus L. u. L., 3.210 €
1200 Forderungen aus L. u. L., 3.220 €
an 1800 Bank, 3.220 €

Die Bankgebühren erhöhen die Forderungen an den Kunden. Sollte allerdings die Rücklastschrift durch einen eigenen Fehler veranlasst worden sein (z. B. durch Angabe einer falschen Bankleitzahl), können die Stornogebühren nicht an den Kunden weiterberechnet werden. Dann sind sie auf einem Nebenkonto als eigene Kosten zu buchen:

1200 Forderungen aus L. u. L., 3.210 €
6855 Nebenkosten des Geldverkehrs, 10 €
an 1800 Bank, 3.220 €

Was ist ein Wechsel und wie wird er gebucht?

Beim Kauf von Waren treffen zwei unterschiedliche Interessen aufeinander. Der Lieferant möchte möglichst früh sein Geld haben, da er ja Vorleistung auf unterschiedliche Weise erbracht hat – er hat die Waren auf eigene Kosten hergestellt, weiterverarbeitet oder beschafft. Der Abnehmer möchte möglichst spät bezahlen, da er ja noch für den Absatz der Waren sorgen muss und das Geld von seinen Kunden erst später bekommt. In solchen Fällen ist der Wechsel eine Lösung, die beide Interessen ausgleicht.

Der Wechsel ist eine Urkunde, in der sich ein Schuldner, der Bezogene, schriftlich verpflichtet, an einem genau definierten Tag und Ort einen bestimmten Geldbetrag an eine Person, den Aussteller, zu zahlen.

Der Wechsel ist aber nicht nur Zahlungsmittel bei einem Warengeschäft, sondern vor allem auch ein kurzfristiges Finanzierungsmittel. Wenn der Gläubiger nicht wartet, bis der Schuldner nach Vorlage seines Wechsels bezahlt, so kann er den Wechsel selbst zur Zahlung an seinen Lieferanten weiterreichen oder zu einer Bank gehen, um den Wechsel einzureichen und sich den Wechselbetrag auszahlen zu lassen (Diskontierung). In beiden Fällen wird eine Gebühr und ein Zinsabschlag (Diskont) fällig.

Im Wechselverkehr besteht eine weitestmögliche Rechtssicherheit. Kann der Bezogene (der Schuldner) die Wechselsumme nicht rechtzeitig aufbringen, so kann der Wechsel relativ schnell eingeklagt werden. Dabei haftet nicht nur der Bezogene, sondern alle, die den Wechsel weitergegeben haben (die Indossanten).

Wie ein Wechsel gezogen wird

1 Der Schuldner erhält Ware von seinem Lieferanten, der für ihn so zum Gläubiger wird.

2 Der Gläubiger übersendet einen Wechsel (die sogenannte Tratte) an den Schuldner.

3 Der Schuldner versieht den Wechsel mit seiner Unterschrift, d. h. er akzeptiert ihn (daher: Akzept) und sendet ihn an den Gläubiger (den Aussteller) zurück.

4 Am Tag der Fälligkeit wird der Wechsel vom Gläubiger (oder einem Indossanten) vorgelegt.

5 Der Schuldner zahlt den Wechselbetrag, oder der Wechsel geht zu Protest.

Ein Wechsel muss bestimmten Formvorschriften genügen. So muss er die Bezeichnung „Wechsel“ im Text der Urkunde enthalten, die Anweisung, eine bestimmte Geldsumme zu zahlen, Angaben zum Bezogenen, zur Verfallszeit, zum Zahlungsort, zum Ausstellungstag und -ort, zum Remittenten (an den oder an dessen Order zu zahlen ist) und schließlich die

Unterschrift des Ausstellers. Fehlt die Verfallszeit, gilt der Wechsel als Sichtwechsel und ist zahlbar, wenn er vorgelegt wird. Fehlen Zahlungs- oder Ausstellungsort, geht der Gesetzgeber dann vom angegebenen Ort (bei Bezogenem oder Aussteller) aus. Fehlt irgendeine andere Angabe, so ist der Wechsel jedoch ungültig.

Beispiele: Buchungen bei Wechselgeschäften

1. Mit einem Lieferanten wird die Zahlung einer Rechnung über 20.880 € mit einem 3-Monats-Wechsel vereinbart:
   3300 Verbindlichkeiten aus L. u. L., 20.880 €
   an 1230 Schuldwechsel, 20.880 €
   Am Verfallstag legt der Gläubiger den Wechsel über seine Bank zur Zahlung vor, die dann auch ausgeführt wird:
   1230 Schuldwechsel, 20.880 €
   an 1800 Bank, 20.880 €
2. Ein Kunde bittet um Zahlung für eine Rechnung über 29.000 € gegen Wechsel. Er bekommt eine Tratte und akzeptiert diese:
   1289 Besitzwechsel, 29.000 €
   an 1200 Forderungen aus L. u. L., 29.000€
   Einen Monat vor Ablauf der drei Monate wird der Wechsel an die Bank zum Diskont gegeben. Der Diskontsatz beträgt 8 %.

Wechselbetrag	29.000,00 €
– Diskont 8 % für 30 Tage	193,33 €
Auszahlungsbetrag	28.806,67 €

   Durch den Diskontabzug wird der Rechnungsbetrag nachträglich gemindert; deshalb ist auch eine Umsatzsteuerkorrektur vorzunehmen. Gebucht wird:
   1800 Bank 28.806,67 €
   7340 Diskontaufwendungen, 162,46 €
   3800 Umsatzsteuer 19 %, 30,87 €
   an 1289 Besitzwechsel, 29.000 €

3. Angenommen, der Wechsel aus dem 2. Beispiel wird vom Kunden nicht eingelöst und geht zu Protest. Für die Protesturkunde entstehen Kosten in Höhe von 50 M. Die Bank belastet das Konto zusätzlich mit 20 M. Dann sehen die zwei Buchungen folgendermaßen aus:

   1233 Protestwechsel, 29.000 €
   an 1800 Bank, 29.000 €
   6859 Nebenkosten des Geldverkehrs, 70 € und
   1400 Vorsteuer 19 %, 13,30 €
   an 1800 Bank, 83,30 €

   An den Kunden werden zusätzlich zu den Protestkosten eigene Auslagen (10 €) und Verzugszinsen (10 % für 15 Tage von 29.000 € = 120,84 €) in Rechnung gestellt:
   1200 Forderungen aus L. u. L., 29.212,04 €
   an Protestwechsel 29.000 € und
   an 4830 Sonstige Erträge 91,20 € und
   an 7110 Zinserträge 120,84 €

Wie Sie Personalbuchungen durchführen

Mitarbeiter und Mitarbeiterinnen bekommen für ihre geleistete Arbeit Lohn oder Gehalt. Diese Aufwendungen sind auf entsprechend eingerichteten Erfolgskonten zu buchen. Dabei ist es mit einem Konto für die Lohn- und Gehaltszahlungen heute nicht mehr getan. Der Arbeitgeber hat für seine Arbeiter und Angestellten die Pflichtversicherungsbeiträge (Renten-, Kranken- und Arbeitslosenversicherung) abzuführen und auch einen Teil davon zu übernehmen. Beiträge zur Unfallversicherung sind sogar in voller Höhe vom Arbeitgeber zu bezahlen. Außerdem wird die Lohnsteuer vom Arbeitgeber direkt an das Finanzamt abgeführt. Bei Personalbuchungen werden Konten berührt wie:

- Gehälter
- Sonstige Verbindlichkeiten aus Steuern
- Sonstige Verbindlichkeiten aus Sozialversicherungen
- Gesetzliche soziale Aufwendungen.

Beispiel: Eine vereinfachte Gehaltsabrechnung

Name: Peter Schmidt
Steuerklasse: III, Kinder: 1

Bruttogehalt	2.800,00 €
- Lohnsteuer	200,50 €
- Kirchensteuer	5,78 €
- Sozialversicherung (Arbeitnehmeranteil)	566,28 €
Nettogehalt	**2.027,44 €**
Sozialversicherung (Arbeitgeberanteil)	541,08 €

Gebucht wird zunächst das Bruttogehalt, das Nettogehalt des Arbeitnehmers sowie die zurückgehaltenen Steuern und Versicherungen:
6020 Gehälter 2.800 €
an 1800 Bank, 2.027,44 €
an 3730 Verbindlichkeiten aus Lohn- u. Kirchensteuern, 206,28 €
an 3740 Verbindlichkeiten i. R. d. Soz. Sicherheit, 566,28 €

Der zusätzlich fällige Arbeitgeberanteil an den Sozialversicherungen wird folgendermaßen gebucht:
6110 Gesetzl. Soziale Aufwendungen, 541,08 €
an 3740 Verbindlichkeiten i. R. d. Soz. Sicherheit, 541,08 €

Werden die Beträge an das Finanzamt und die Sozialversicherung (Arbeitnehmer- und Arbeitgeberanteil) überwiesen, wird gebucht:
3730 Verbindlichkeiten aus Lohn- und Kirchensteuern, 206,28 €
3740 Verbindlichk. i. R. d. Soz. Sicherheit, 1107,36 €
an 1800 Bank 1.313,64 €

Einen Vorschuss buchen

Von den Besonderheiten in diesem Bereich ist vor allem der Vorschuss und seine buchungstechnische Behandlung interessant. Dabei kommt das Konto Forderungen an Personal zum Tragen.

Beispiel

Wurden vor der eigentlichen Gehaltsauszahlung 500 € an Peter Schmidt ausgezahlt, so muss zunächst die Auszahlung gebucht werden:
1340 Forderungen an Personal, 500 €
an 1600 Kasse, 500 €

Die Buchung bei der Gehaltsabrechnung sieht dann folgendermaßen aus:
6020 Gehälter, 2.800 €
an 1800 Bank, 1.611,62 €
an 1340 Forderungen an Personal, 500 €
an 3730 Verbindlichkeiten aus Lohn- u. Kirchensteuern, 192,78 €
an 3720 Verbindlichkeiten aus Lohn und Gehalt, 495,60 €

Die vermögenswirksamen Leistungen buchen

Eine weitere Variante sind die vermögenswirksamen Leistungen nach dem Vermögensbildungsgesetz. Hier sind verschiedene Varianten in der Praxis zu finden:

- Der Arbeitgeber zahlt einen Betrag zur vermögenswirksamen Leistung – es erhöhen sich die Aufwendungen für Personal.
- Der Arbeitnehmer zahlt einen Betrag zur vermögenswirksamen Leistung – das Nettogehalt des Arbeitnehmers reduziert sich.
- Beide, Arbeitnehmer und Arbeitgeber, zahlen einen Teil – die Personalaufwendungen erhöhen sich, das Nettogehalt reduziert sich aber ebenfalls.

Der richtige Umgang mit dem Privatkonto

Einzelfirmen und Personengesellschaften

Ein Privatkonto gibt es eigentlich nur bei Einzelfirmen und bei Personengesellschaften. Es dient dazu, dass Einlagen und Entnahmen des Unternehmer und/oder der Gesellschafter richtig verbucht werden können. Für ein Einzelunternehmen reicht die Führung eines Kontos, über das alle Buchungen laufen, aus. Bei einem kleinen Einzelunternehmen genügen folgende drei Unterkonten:

- Allgemeine Privatentnahmen
- Privatsteuern
- Privateinlagen

Bei einer Personengesellschaft mit mehreren Gesellschaftern sollten Unterkonten für verschiedene Vorgänge angelegt werden. In Personengesellschaften sollte auch für jeden Gesellschafter ein eigenes Privatkonto (mit entsprechenden Unterkonten) angelegt werden. Im SKR 04 (DATEV) (siehe Anhang ab Seite 238) sind z. B. vier Privatkonten vorgesehen:

- 2100 Privatentnahmen allgemein
- 2130 Unentgeltliche Wertabgabe
- 2150 Privatsteuern
- 2180 Privateinlagen

Was wird auf den Privatkonten gebucht?

Grundsätzlich sind zwei Arten von Vorgängen auf dem Privatkonto zu unterscheiden:

- Privatentnahmen und
- Privateinlagen

Privateinlagen werden vorgenommen, um das Eigenkapital zu erhöhen, oder wenn ein neuer Gesellschafter überhaupt erstmals einzahlt.

Für Privatentnahmen sind verschiedene Vorgänge denkbar:

- Geldentnahmen (z. B. für den Lebensunterhalt)
- Auszahlung von Kapitalanteilen (z. B. bei ausscheidenden Gesellschaftern)
- Entnahmen für private Zwecke oder unentgeltliche Lieferungen und sonstige Leistungen

> Achtung: Auch bei Entnahmen für private Zwecke und unentgeltlichen Lieferungen müssen Sie die Umsatzsteuer berücksichtigen.

Beispiel

Der Übersicht halber werden alle Buchungen direkt auf dem Privatkonto durchgeführt.

Erhöhung des Gesellschaftskapitals

Der Geschäftsführer nimmt eine Einzahlung auf das Bankkonto über 5.000 € vor, um das haftende Gesellschaftskapital um diese Summe zu erhöhen:
1800 Bank, 5.000 €
an 2180 Privateinlagen, 5.000 €

Entnahmen zu Privatzwecken

Der Unternehmer entnimmt Waren zu privaten Zwecken über 297,50 €:
2100 Privatentnahme, 297,50 €
an 4600 Unentgeltliche Wertabgabe, 250 € und
3800 Umsatzsteuer, 47,50 €

Der Geschäftsführer entnimmt einen Firmen-Pkw komplett für private Zwecke. Der Buchwert beträgt 10.000 €, der Tageswert dagegen 12.500 €:
2100 Privatentnahme 14.875 €
an 0520 Pkw, 10.000 € und
4900 Erträge aus Abgang Anlagevermögen, 2.500 €
3800 Umsatzsteuer, 2.375 €

Das Privatkonto schließen Sie über das Konto Eigenkapital ab. Wenn die Ausgaben die Einlagen übersteigen, lautet der Buchungssatz:

2000 Eigenkapital an 2100 Privatentnahme

Übersteigen die Einlagen die Ausgaben, wird gebucht:

2100 Privatentnahme an 2000 Eigenkapital

Der Jahresabschluss

Die Buchhaltung ist ein Kreislauf. Sie beginnt mit der Eröffnungsbilanz und endet mit der Schlussbilanz; dazwischen werden die Geschäftsprozesse durch die laufenden Buchungen festgehalten. Um eine Schlussbilanz aufzustellen, reicht es aber nicht, einfach alle Konten abzuschließen. Zuvor muss noch eine ganze Reihe von zusätzlichen Aufgaben erledigt werden.

In diesem Kapitel erfahren Sie

- wie Sie Abschreibungen vornehmen können (S. 92),
- wann zeitliche Abgrenzungen und Rückstellungen vorzunehmen sind (S. 99),
- worauf Sie bei der Bewertung achten müssen (S. 107),
- wie Gewinne gebucht werden (S. 111),
- wie der Jahresabschluss analysiert wird (S. 113).

Was heißt hier „abgeschrieben"?

Der Wert bestimmter Anlagen oder Betriebseinrichtungen, Maschinen und Fahrzeuge eines Unternehmens wird durch Abnutzung, natürlichen Verschleiß, aber auch technische Überalterung im Laufe der Jahre immer geringer. Diese Wertminderung muss im betrieblichen Rechnungswesen erfasst werden, denn sie bedeutet eine Veränderung der Vermögenslage des Unternehmens. Durch die **Absetzung für Abnutzung (AfA)**, auch **Abschreibungen** genannt, wird die erwartete Wertminderung in der Buchhaltung festgehalten und fließt in die Bilanz ein. Daher spricht man auch von **bilanzieller Abschreibung**.

> Auch der Gesetzgeber verlangt eine planmäßige Abschreibung der Anschaffungskosten in § 253 HGB.

Durch Abschreibungen

- erfassen Sie planmäßig buchhalterisch und bilanziell die Wertminderung derjenigen Vermögensgegenstände aus dem Anlagevermögen, die in der Nutzung zeitlich begrenzt sind,
- verteilen Sie die Anschaffungs- oder Herstellungskosten auf die Nutzungsjahre,
- bestimmen Sie den Restwert eines Anlageguts,
- erzielen Sie einen steuerlichen Vorteil, da die Abschreibungen als Aufwand gebucht werden und in die Gewinn- und Verlustrechnung einfließen.

Neben dieser planmäßigen, bilanziellen Abschreibung gibt es auch noch die kalkulatorische Abschreibung, die in Kalkulation und Kosten- und Leistungsrechnung eine Rolle spielt, um die Selbstkosten zu ermitteln. Sie erfasst die tatsächlich eingetretene Wertminderung der Anlagegüter.

Was wird abgeschrieben?

Wenn von Abschreibungen gesprochen wird, sind in der Regel die Abschreibungen auf Sachanlagen gemeint, die in der Bilanz im Anlagevermögen erfasst sind. Dort gibt es jedoch zwei Arten von Sachanlagen, die Sie unterschiedlich behandeln müssen:

- Sachanlagen mit zeitlich nicht begrenzter Nutzung, z. B. Grundstücke, werden nicht regelmäßig abgeschrieben.
- Sachanlagen mit zeitlich begrenzter Nutzung (abnutzbare Anlagegüter) unterliegen der planmäßigen AfA.

Abschreibungen sind allerdings nicht nur bei Sachanlagen, sondern auch bei anderen Vermögensgegenständen möglich:

- auf Finanzanlagen (z. B. Beteiligungen an anderen Unternehmen) sowie
- auf Forderungen und Warenbestände.

Diese Fälle werden im Abschnitt „Bewertungen sind notwendig" (ab Seite 105) näher behandelt.

Wie Sie Abschreibungen vornehmen

Bei der Abschreibung verteilen Sie die Anschaffungskosten auf die Geschäftsjahre, in denen das Anlagegut genutzt wird, und setzen den jährlichen Betrag als Aufwand ab. Dafür gibt es verschiedene Methoden:

- **Lineare Abschreibung:** Das Anlagegut wird mit gleichbleibenden Beträgen abgeschrieben. Die Anschaffungskosten werden durch die Anzahl der Nutzungsjahre geteilt.
- **Degressive Abschreibung (geometrisch-degressive)**: Das Anlagegut wird mit veränderlichen, fallenden Beträgen, die prozentual vom Restwert berechnet werden, abgeschrieben. Am Anfang sind die Abschreibungsbeträge hoch, zum Schluss werden sie immer niedriger. Neben der geometrisch-degressiven gibt es auch noch eine arithmetisch-degressive Methode, die aber steuerrechtlich nicht erlaubt ist.

Mit der Unternehmenssteuerreform 2008 wurde die degressive Abschreibung für bewegliche Wirtschaftsgüter des Anlagevermögens, die nach dem 31.12.2007 angeschafft oder hergestellt wurden, generell abgeschafft. Bei Anschaffung oder Herstellung nach dem 1.1.2009 und bis 31.12.2010 ist die degressive AfA wieder möglich: 2,5 x linearer AfA-Satz, maximal 25 % vom Buchwert.

- **Progressive Abschreibung:** Das Anlagegut wird mit veränderlichen steigenden Beträgen abgeschrieben.
- **Leistungsabschreibung:** Als Abschreibungsgrundlage wird die Leistung des Anlagegutes berücksichtigt (z. B. gefahrene Kilometer bei Lkws).

Hinweis: Im TaschenGuide Kaufmännisches Rechnen finden Sie ausführlichere Informationen und Beispiele zu den verschiedenen Abschreibungsmethoden.

Eine Besonderheit sind die geringwertigen Wirtschaftsgüter (GWG). Wenn der Anschaffungsbetrag 150 € nicht überschreitet, muss der volle Betrag sofort komplett, also innerhalb eines Jahres, abgeschrieben werden, auch wenn die voraussichtliche Nutzungsdauer länger ist.

Seit 2008 gibt es für Wirtschaftsgüter zwischen 150 € und 1.000 € (netto) die **Poolabschreibung**. Jedes Jahr ist dazu ein Sammelposten aller Wirtschaftsgüter dieser Klasse zu bilden, der dann über fünf Jahre linear abgeschrieben wird. Scheidet ein Wirtschaftsgut früher aus, wird der Sammelposten trotzdem nicht vermindert und auch die Abschreibungsbeträge bleiben gleich. Im Rahmen des Wachstumsbeschleunigungsgesetzes ist auch die frühere Regelung zur GWG-Abschreibung wieder erlaubt, nach der GWG bis 410 € sofort abgeschrieben werden dürfen (siehe auch S. 220).

Welche Methoden wählen?

Das HGB schreibt keine bestimmte Abschreibungsmethode vor, verlangt aber, dass die Anschaffungs- oder Herstellungskosten nach einer den Grundsätzen ordnungsmäßiger Buchführung entsprechenden Abschreibungsmethode ermittelt und auf die voraussichtliche Nutzungsdauer verteilt wird (§ 253 HGB). Das Einkommensteuerrecht hingegen lässt nur die lineare und geometrisch-degressive Abschreibung zu (§ 7

EStG). Die lineare Abschreibung hat sich als die gängigste Form durchgesetzt.

So buchen Sie richtig

Abschreibungen werden im Konto Abschreibungen als Aufwand gebucht. Die Gegenbuchung findet auf dem Konto Geschäftsausstattung statt.

Beispiel: Buchungspraxis bei linearer Abschreibung

Am 15.7. wird eine neue EDV-Anlage angeschafft, für 53.550 € brutto. Die Buchung der Anschaffung wird sofort vorgenommen:
0690 Geschäftsausstattung, 45.000 € und
1400 Vorsteuer 19 %, 8.550 €
an 1800 Bank, 53.550 €

Es soll linear abgeschrieben werden. Die voraussichtliche Nutzungsdauer der Anlage beträgt 5 Jahre. Der Abschreibungsbetrag beträgt demnach für 1 Jahr: 45.000 €: 5 Jahre = 9.000 €. Da die EDV-Anlage erst im Juli angeschafft wurde, werden für dieses erste Jahr auch nur 6 Monate (Juli–Dezember) berücksichtigt, das sind 4.500 €. Der Buchungssatz zum 31.12. lautet:
6220 Abschreibungen, 4.500 €
0690 Geschäftsausstattung, 4.500 €

Was sind Sonderabschreibungen?

Im Normalfall tritt die Wertminderung planmäßig und regelmäßig ein. Wird etwa ein PKW für den Außendienst ständig genutzt, so verliert er im Laufe der Zeit und je nach Einsatz an Wert, was durch die lineare oder Leistungsabschreibung erfasst werden kann. Es kann aber auch zu einer außerordentlichen Abnutzung bzw. größeren Wertminderung kommen, wenn der PKW etwa bei einem Unfall beschädigt oder ganz zerstört wird. Dann wird der Wertverlust als außerplanmäßige oder **Sonderabschreibung** auf dem Konto „Außerordentliche Aufwendungen" erfasst.

Beispiel

Erleidet eine EDV-Anlage durch Stromnetzstörungen einen starken Schaden (von 10.000 € netto), der von keiner Versicherung übernommen wird, so ist folgendermaßen zu buchen:
7500 Außerordentliche Aufwendungen, 10.000 €
an 0690 Geschäftsausstattungen, 10.000 €.

Wenn Anlagegegenstände verkauft werden

Werden Anlagegegenstände vor ihrer kompletten Abschreibung verkauft, müssen Sie beim Buchen den nach der Abschreibung verbleibenden Restwert berücksichtigen (Buchwert). Je nachdem, ob der Verkaufserlös über oder unter dem Buchwert liegt, ergibt sich ein Buchgewinn oder -verlust. Diese Gewinne oder Verluste buchen Sie auf die Konten **Buchgewinn** oder **Buchverlust**. Sie finden über die Gewinn- und Verlustrechnung Eingang in die Ergebnisrechnung.

Beispiel: Verkauf von Anlagegegenständen zum Buchwert

Wir führen das Beispiel von Seite 96 fort. Nach drei Jahren (= 2 1/2 Abschreibungen) hat die EDV-Anlage, die zu 45.000 € (netto) angeschafft wurde, einen (Rest-)Buchwert von 22.500 €. Wird sie nun zu diesem Buchwert bar verkauft, gibt es keine Besonderheiten bei der Verbuchung, nur die Umsatzsteuer müssen Sie natürlich wieder berücksichtigen:
1800 Bank, 26.775 €
an 0690 Geschäftsausstattung, 22.500 € und
3800 Umsatzsteuer 19 %, 4.275 €

Beispiel: Verkauf mit Buchgewinn

Wird die EDV-Anlage hingegen über dem Buchwert verkauft, nämlich zum Preis von 25.000 € (netto), bedeutet dies einen Gewinn. Dann bucht man diesen Buchgewinn auf ein gleichlautendes Konto:

1800 Bank, 29.750 €
an 0690 Geschäftsausstattung, 22.500 € und
4900 Erträge aus Anlagenverkäufen, 2.500 € und
3800 Umsatzsteuer 19 %, 4.275 €

Beispiel: Verkauf mit Buchverlust

Wird für die EDV-Anlage hingegen nur ein Preis von 20.000 € (netto) erzielt, so bucht man:

1800 Bank, 23.800 €
6885 Buchverlust, 2.500 €
an 0690 Geschäftsausstattung 22.500 € und
3800 Umsatzsteuer 19 %, 3.800 €.

Das Konto „Abschreibungen" abschließen

Die Abschreibungen schließen Sie über die Gewinn- und Verlustrechnung ab. Als Gegenbuchung findet eine Wertminderung in der Bilanz statt, wodurch sich die Bilanzsumme verringert. Damit geht der Abschreibungsbetrag in das Betriebsergebnis ein.

Wie Abschreibungen über die GuV in die Bilanz gelangen

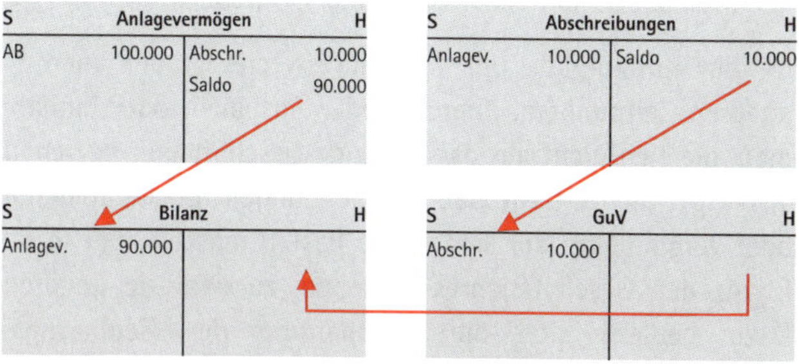

> Für eine korrekte Bilanzerstellung reicht es aus, am Jahresende alle Abschreibungen auf einmal zu buchen. Sollen aber die Zwischenabschlüsse (Monats- und/oder Quartalsabschlüsse) aussagekräftig sein, empfiehlt es sich, die Abschreibungen auch monats- oder quartalsweise zu buchen. Da die Abschreibungsbeträge sich normalerweise nicht ändern, ist dies mit wenig Aufwand einzurichten.

Wann sind Rückstellungen und Abgrenzungen vorzunehmen?

Zeitliche Abgrenzungen

Buchführung ist immer zeitbezogen. Es reicht nicht aus, einen Vorgang irgendwie gebucht zu haben, er muss auch im richtigen zeitlichen Zusammenhang stehen. Als zeitlicher Rahmen für die gesamte Buchhaltung gilt das Geschäftsjahr.

Die zeitliche Grenze zwischen zwei Geschäftsjahren ist der Bilanzstichtag. Da an ihm der Jahresabschluss stattfindet, müssen bis dahin in der Buchhaltung alle vermögens- und gewinnrelevanten Daten des laufenden Geschäftsjahres festgehalten sein, damit sie in die Bilanz einfließen.

Es gibt nun gerade um den Jahreswechsel, aber auch zu anderen Zeitpunkten, immer wieder Ausgaben oder Einnahmen, die sich nicht auf das laufende Geschäftsjahr beziehen, also eigentlich Erträge oder Aufwendungen für das folgende oder vergangene Jahr sind. Diese Posten müssen aber in die Bilanz des Geschäftsjahres eingehen, zu dem sie gehören. Dazu bedient sich die Buchhaltung der **Rechnungsabgrenzung**.

Rechnungsabgrenzung wird z. B. notwendig bei

- noch nicht entrichteter Mehrwertsteuer
- Lohnsteuer und Sozialversicherungsbeiträgen
- Kfz-Steuern und -versicherungen
- noch nicht beglichenen Rechnungen an und vom Unternehmen
- Darlehenszinsen

Zeitliche Abgrenzungen beziehen sich auf die Zeit vor und nach dem Bilanzstichtag und betreffen alle Ausgaben und Einnahmen, die als Aufwendungen oder Erträge in eine andere Buchungsperiode gehören.

Wie Sie richtig buchen

Wenn die Einnahmen und Ausgaben im alten Jahr, also vor dem Bilanzstichtag erfolgen, aber erst im neuen Jahr erfolgswirksam werden, müssen sie in das nächste Jahr „hinübergehen" (daher „transitorische Posten"). Das heißt, die Buchhaltung muss diese Beträge vorerst in der Bilanz ergebnisneutral unterbringen (sozusagen parken), um sie im neuen Jahr dann ergebniswirksam buchen zu können. Je nachdem, ob die Aktiv- oder die Passivseite betroffen ist, bucht man dabei auf die Konten Aktive oder Passive Rechnungsabgrenzung.

Als Faustregel für die Aktive und Passive Rechnungsabgrenzung können Sie sich merken: Einnahme (Ausgabe) jetzt, Ertrag (Aufwendung) später.

Beispiel

Am 1.7. wird die Kfz-Steuer (1.200 € für alle Pkws) für ein ganzes Jahr bezahlt; es wird also mehr gezahlt, als eigentlich für die verbleibenden sechs Monate des Geschäftsjahres anfällt. Die Steuer für die sechs Monate des folgenden Jahres muss daher herausgerechnet und abgegrenzt werden. Die Buchungen für die Kfz-Steuer sehen zunächst so aus:
7685 Kfz-Steuer, 1.200 €
an 1800 Bank, 1.200 €

Spätestens am Jahresende wird die Abgrenzung vorgenommen:
1900 Aktive Rechnungsabgrenzung, 600 €
an 7685 Kfz-Steuer, 600 €

Im neuen Jahr wird dann die Kfz-Steuer gebucht:
7685 Kfz-Steuer, 600 €
an 1900 Aktive Rechnungsabgrenzung, 600 €.

Erfolgen die Einnahmen und Ausgaben hingegen im neuen Jahr, also nach dem Bilanzstichtag, obwohl der Ertrag oder der Aufwand noch im alten Jahr liegt, müssen Sie diese Posten vorwegnehmen, damit sie noch erfolgswirksam in der

Bilanz erscheinen (in diesem Fall spricht man von „antizipativen Rechnungsabgrenzungsposten"). Hier buchen Sie auf die Konten **Sonstige Forderungen** oder **Sonstige Verbindlichkeiten**. Im neuen Jahr, wenn diese Konten über die Eröffnungsbilanz aufgelöst wurden, wird dann erfolgswirksam wieder auf das richtige Konto gebucht.

Beispiel

Am 3.1. werden von der Bank die Darlehenszinsen (720 €) für das vierte Quartal des vergangenen Jahres abgebucht. Die Kosten werden also erst im neuen Geschäftsjahr bezahlt, obwohl sie bereits im alten angefallen sind. Die Buchung sieht folgendermaßen aus:
7320 Zinsaufwendungen f. langfr. Verbindlichkeiten, 720 €
an 3500 Sonstige Verbindlichkeiten, 720 €

Nach der Auflösung des Kontos wird dann bei der Zahlung gebucht:
3500 Sonstige Verbindlichkeiten, 720 €
an 1800 Bank, 720 €

Das genaue Prüfen der Vorgänge, die zu einem bestimmten Zeitpunkt abzugrenzen sind, ist eine wichtige Aufgabe für den Buchhalter und/oder Steuerberater beim Jahresabschluss. Treten hier Fehler auf, wird das Jahresergebnis der betroffenen Geschäftsjahre verfälscht.

Rückstellungen – ungewisse Verbindlichkeiten buchen

Angenommen, Sie haben einen Autounfall verschuldet. Die Sachkosten des Schadens des Unfallgegners übernimmt die Kfz-Versicherung, den eigenen Schaden trägt die Kaskoversicherung ebenfalls. Sie haben aber ein Strafverfahren abzuwarten und rechnen aufgrund der Rechtslage mit einer Strafe. Für diesen negativen Fall legen Sie sich etwas Geld beiseite – Sie machen eine Rückstellung.

Auch der Unternehmer muss jedes Jahr Rückstellungen für zukünftige Ausgaben einplanen. Denn bestimmte Aufwendungen werden im Geschäftsjahr verursacht, führen aber erst später zu einer tatsächlichen Ausgabe, wobei allerdings die genaue Höhe und/oder der Fälligkeitstermin noch unbestimmt sind, manchmal sogar der Empfänger nicht bekannt ist. Solche ungewissen Schulden sind etwa Pensionen oder wahrscheinlich eintretende Garantieverpflichtungen gegenüber Kunden. Sie können nur geschätzt werden, wobei die vernünftige kaufmännische Beurteilung Maßstab für die Höhe der Rückstellungen ist.

Rückstellungen werden generell gemacht für

- ungewisse Verbindlichkeiten wie Garantieleistungen, Schadenersatz, Gewerbesteuer oder schwebende Prozesse,
- drohende Verluste aus schwebenden Geschäften, z. B. Kaufverträge, aus denen noch ein Anspruch auf Lieferung besteht,
- unterlassene Reparaturen,
- Gewährleistungen, die ohne rechtliche Verpflichtung erbracht werden.

Rückstellungen für die ersten beiden Kategorien müssen gebildet, d. h. in der Bilanz passiviert werden (Passivierungspflicht nach § 249 HGB).

> Sobald der Grund für die Bildung der Rückstellung entfällt, oder aber der erwartete Fall eintritt, müssen Sie die Rückstellungen auflösen.

Wann und wie Sie Rückstellungen buchen

Kleine Unternehmen richten in der Regel nur ein allgemeines Rückstellungskonto ein, in mittleren und großen Kapitalgesellschaften müssen sie nach Pensionen, Steuern und sonstigen Rückstellungen aufgeteilt werden.

Gebucht werden Rückstellungen als Aufwand in dem Jahr, in dem sie wirtschaftlich entstehen, und zwar folgendermaßen:

Aufwandskonto an Rückstellungen

Im Jahr der tatsächlichen Zahlung lautet die Buchung dann:

Rückstellung an Bank

Die Rückstellungskonten werden über die Bilanz abgeschlossen.

Idealerweise nehmen Sie Buchungen der Rückstellungen am Jahresabschluss vor. Treten Fälle ein, die eine sofortige Auflösung erforderlich machen, z. B. die Zahlung von Prozesskosten, findet die Buchung auch während des Jahres statt.

Aus den vielen Fällen für Rückstellungen nun ein Beispiel aus der buchhalterischen Praxis.

Beispiel: Ungewisse Steuerverbindlichkeit

Das Finanzamt hat im November eine Lohnsteuerprüfung durchgeführt. Im Unternehmen wird mit einer Nachzahlung in Höhe von 2.000 € gerechnet, der Bescheid steht aber noch aus. Gebucht wird:
6110 Gesetzliche Soziale Aufwendungen, 2.000 €
an 3020 Steuerrückstellungen, 2.000 €

Das Konto Gesetzliche Soziale Aufwendungen wird über die Gewinn- und Verlustrechnung, das Konto Steuerrückstellungen über die Bilanz abgeschlossen. Folgt im Januar dann der Steuerbescheid mit einem Betrag von 2.200 €, sieht die Buchung folgendermaßen aus:
3020 Steuerrückstellungen, 2.000 € und
6960 Periodenfremde Aufwendungen, 200 €
an 1800 Bank, 2.200 €

Im neuen Jahr wirken sich nur die zusätzlichen 200 € erfolgswirksam, in diesem Fall mindernd auf den Gewinn, aus. Werden im Steuerbescheid aber nur 1.800 € gefordert, wird folgendermaßen gebucht:
6110 Steuerrückstellungen, 2.000 €
an 1800 Bank, 1.800 € und
4960 Periodenfremde Erträge, 200 €

Auch hier wirken sich nur die 200 €, jetzt aber gewinnerhöhend, auf das laufende Geschäftsjahr aus.

Bewertungen sind notwendig

Als ich mit 13 Jahren plötzlich dringend Geld benötigte, weil mir die Erkenntnis über Nacht gekommen war, dass ich – um Rockgitarrist zu werden – ein entsprechendes Equipment benötigte, beschloss ich, meine Briefmarkensammlung zu verkaufen. Die Alben mit den fein säuberlich geordneten

Einzelmarken und Sätzen unter dem Arm, die Liste mit den Katalogwerten in der Hand, erschien ich eines Tages im Briefmarkenfachgeschäft und erklärte großzügig, dass ich vom Gesamtwert (lt. Katalog) von etwa 450 Mark zehn Prozent nachlassen würde, wenn ich den Gegenwert sofort in bar erhalten würde. Der Händler sichtete durch seine große Hornbrille meine Alben sorgfältig und machte dann sein Gegenangebot: 45 Mark. Das erschütterte mich und brachte mir meine erste Lektion bei zum Thema „Bewertung".

Der Kaufmann muss alles, was er an Vermögen und Schulden in die Bilanz schreiben will, einer strengen Bewertung unterziehen. Das bedeutet im Klartext, er muss die einzelnen Posten in Geldwerten ausdrücken. Dabei stellen sich vor allem folgende Fragen:

- Die Artikel, die im Lager liegen, stammen vielleicht aus unterschiedlichen Lieferungen, die zu unterschiedlichen Preisen bezogen wurden. Welcher Preis ist in der Bilanz anzusetzen?
- Wie werden Wertpapiere und Devisen behandelt? Welcher Wertansatz, welcher Kurs ist hier zu berücksichtigen?
- Einzelne Kunden haben schon lange nichts mehr bezahlt, bei anderen läuft bereits ein Gerichtsverfahren. Wie sind diese Forderungen zu bewerten?

> Bewertungsfragen spielen nicht nur in der Handels- und Steuerbilanz eine Rolle, sondern auch in der Kostenrechnung und der Erfolgsrechnung. Die Maßstäbe sind aber je nach Zweck unterschiedlich.

Worauf müssen Sie bei der Bewertung achten?

Bei der **Bilanzerstellung** gelten strenge Vorgaben, die die Grundsätze ordnungsmäßiger Buchführung ergänzen. Dies dient dem Schutz des Gläubigers, aber auch des Teilhabers. Der Gesetzgeber gibt daher klare Richtlinien vor (§§ 252–256 HGB), auf die Sie achten müssen:

- Die Eröffnungsbilanz des neuen Jahres und die Schlussbilanz des alten Jahres müssen übereinstimmen.
- Bei der Bewertung ist von der Fortführung der Unternehmenstätigkeit auszugehen, wenn nicht eindeutig etwas anderes abzusehen oder beschlossen ist.
- Alle Vermögensgegenstände müssen Sie einzeln bewerten; Ausnahmen sind etwa bei Vorräten erlaubt.
- Es muss vorsichtig bewertet werden. Alle am Abschlussstichtag bekannten oder entstandenen Risiken sind in die Bewertung einzubeziehen.
- Gewinne dürfen nur berücksichtigt werden, wenn sie am Abschlussstichtag realisiert sind.
- Aufwendungen und Erträge müssen Sie unabhängig von den Zeitpunkten der entsprechenden Zahlungen berücksichtigen, d. h. zeitlich abgrenzen (Seite 99).
- Einmal angewandte Bewertungsmethoden müssen auch in Zukunft beibehalten werden.

Bewertungsprinzipien beachten

Für Anlagevermögen, Umlaufvermögen und Verbindlichkeiten gelten allerdings unterschiedliche Maßstäbe:

- Für das **Umlaufvermögen** müssen Sie das **strenge Niederstwertprinzip** anwenden. Stehen mehrere Wertansätze, etwa Anschaffungskosten und Tageswert, am Bilanzstichtag zur Verfügung, müssen Sie zwingend den niedrigeren Preis von beiden ansetzen. Dies betrifft z. B. Waren, deren Preis inzwischen gefallen ist, oder auch Aktien, die das Unternehmen gekauft hat.
- Beim **Anlagevermögen** gehen Sie ähnlich vor wie beim Umlaufvermögen. Allerdings gilt hier das **gemilderte Niederstwertprinzip**, das vorsieht, dass vorübergehende und nicht nachhaltige Wertminderungen nicht berücksichtigt zu werden brauchen. Hier haben Sie also ein Wahlrecht.
- Das **Höchstwertprinzip** gilt für die Passivseite der Bilanz und bezieht sich im Wesentlichen auf die Schulden. Hier ist der jeweils höhere Wert anzusetzen.

Die Abschreibungen auf Forderungen

Im Abschnitt über Abschreibungen (Seite 92) haben wir gesehen, dass es relativ unproblematisch ist, Gegenstände des Anlagevermögens mit zeitlich begrenzter Nutzung zu bewerten, um sie dann abzuschreiben. Anders verhält es sich mit den Abschreibungen auf Forderungen. Hier tritt keine „planmäßige" Wertminderung ein; d. h. Sie müssen eine Bewertung vornehmen.

Forderungen gehören zum Umlaufvermögen und werden sinnvollerweise nach der Wahrscheinlichkeit ihres Eingangs bewertet:

- Einwandfreie Forderungen werden am Bilanzstichtag zu den Anschaffungskosten bewertet.
- Zweifelhafte Forderungen werden zum wahrscheinlichen Wert in der Bilanz berücksichtigt. Der Ausfall kann geschätzt und direkt oder indirekt, d. h. über ein Zwischenkonto, abgeschrieben werden. Das Risiko muss aber zum Zeitpunkt der Bilanzerstellung erkennbar sein (z. B. Eröffnung eines Vergleichsverfahrens).
- Uneinbringliche Forderungen sind Totalausfall, also Verlust und direkt abzuschreiben.

Beispiel: Abschreibung bei Insolvenz eines Kunden

Ein Insolvenzverfahren über einen Kunden wird eröffnet. Er hat noch Forderungen in Höhe von 17.850 €. Es wird mit einem Ausfall von 50 % gerechnet. Zunächst wird die Forderung auf ein anderes Konto gebucht:

1240 Zweifelhafte Forderungen, 17.850 €
an 1200 Forderungen aus L. u. L., 17.850 €

Am Bilanzstichtag wird der Ausfall abgeschrieben. Durch die Umsatzsteuerkorrektur muss auch die Umsatzsteuerschuld an das Finanzamt korrigiert werden:
6270 Abschreibungen auf Umlaufvermögen, 7.500 € und
3800 Umsatzsteuer, 1.425 € an
1240 Zweifelhafte Forderungen, 8.925 €

Kommt aus dem Insolvenzverfahren dann jedoch nur eine Quote von 40 %, so ist folgendermaßen zu buchen:

1800 Bank, 7.140 €
an 1240 Zweifelhafte Forderungen, 7.140 €
und
6270 Abschreibungen auf Umlaufvermögen, 1.500 € und
3800 Umsatzsteuer, 285 € an
1240 Zweifelhafte Forderungen, 1.785 €

Falls hingegen eine höhere Quote als die ursprünglich angenommene erzielt wird, entsteht ein außerordentlicher Ertrag. Auch in diesem Fall ist die Umsatzsteuer wieder zu korrigieren.

Was wird mit dem Gewinn gemacht?

Das Ziel eines jeden Kaufmannes sei die Erwerbung eines erlaubten und angemessenen Gewinns für seinen Unterhalt, sagte schon im 15. Jahrhundert Luca Pacioli in der Einleitung zu seiner Abhandlung über die Buchführung. Auch heute noch ist die Gewinnerzielung, wenn auch sicher nicht die einzige, aber eine wichtige Motivation, unternehmerisch tätig zu werden, schon allein, um den Fortbestand des Unternehmens langfristig zu sichern. Aber nicht nur der Unternehmer, Kapitalgeber oder Inhaber eines Betriebes sind am Gewinn interessiert; ebenso ist es der Staat, denn schließlich ist der Gewinn die Grundlage für die Einkommensbesteuerung.

Im Einkommensteuergesetz findet sich eine Definition des Begriffs „Gewinn": „Gewinn ist der Unterschiedsbetrag zwischen dem Betriebsvermögen am Schluss des Wirtschaftsjahres und dem Betriebsvermögen am Schluss des vorangegangenen Wirtschaftsjahres, vermehrt um den Wert der Entnahmen und vermindert um den Wert der Einlagen." (§ 4 EStG).

Wie Gewinne gebucht werden

Bei einer Einzelunternehmung ist die Buchung des Gewinns für den Buchhalter kein Problem. Das Gewinn- und Verlustkonto wird über das Privatkonto abgeschlossen. Das Privatkonto ist ein Unterkonto des Kapitalkontos, und so wirkt sich die Veränderung des Privatkontos direkt in der Bilanz auf der Passivseite aus. Die Gewinnverteilung in anderen Gesellschaften ist da etwas komplizierter.

Bei einer Personengesellschaft (OHG, KG) sind i. d. R. mehrere Gesellschafter vorhanden, somit muss der über die Gewinn- und Verlustrechnung ermittelte Gewinn auf die einzelnen Konten der Gesellschafter verteilt werden. Es handelt sich bei den Gesellschafterkonten um Unterkonten des Kapitalkontos. Die Verteilung regelt entweder der Gesellschaftervertrag oder das Gesetz.

Bei der OHG schreibt das Gesetz (§ 121 HGB) bei einer fehlenden vertraglichen Einigung vor,

- dass zunächst die Kapitaleinlage mit 4 % verzinst werden soll und anschließend
- der Rest des Gewinns nach Köpfen verteilt wird.

Beispiel: Gewinnbuchung bei einer OHG

In einer OHG sind 75.000 € an Gewinn erwirtschaftet worden. In dieser Gesellschaft sind drei Gesellschafter vertreten, von denen einer außerdem noch als Geschäftsführer (GF) tätig ist. Für diese Tätigkeit erhält dieser vorab aus dem Gewinn 25.000 €.

Gesell-schafter	Anfangs-kapital	GF-Anteil	Verzinsung 4 %	Restver-teilung	gesamter Gewinn	End-kapital
A	50.000		2.000	14.667	16.667	66.667
B	70.000		2.800	14.667	17.467	87.467
C	30.000	25.000	1.200	14.666	40.866	70.866

Die Abschlussbuchungen lauten dann zum Jahresende:
Gewinn und Verlustkonto, 75.000 €
an Kapitalkonto A, 16.667 € und
Kapitalkonto B, 17.467 € und
Kapitalkonto C, 40.866 €

Bei der KG gilt ebenfalls bei fehlender vertraglicher Vereinbarung eine gesetzliche Bestimmung (§ 168 HGB). Danach kommt zuerst wieder eine Vorabverzinsung von 4 %. Der Rest sollte in angemessenem Verhältnis verteilt werden.

Beispiel: Gewinnverteilung bei der KG

Bei gleichem Gewinn wie bei der OHG sieht die Tabelle so aus:

Gesell-schafter	Anfangs-kapital	GF-Anteil	Verzinsung 4 %	Restver-teilung	gesamter Gewinn	End-kapital
A	50.000		2.000	14.665	16.665	66.665
B	70.000		2.800	20.535	23.335	93.335
C	30.000	25.000	1.200	8.800	35.000	65.000
Summe	150.000		6.000	44.000	75.000	225.000

Bei Kapitalgesellschaften (AG, GmbH) und Genossenschaften sieht es etwas anders aus. Es gibt keine Gesellschafterunterkonten innerhalb des Eigenkapitals der Bilanz. Geführt wird ein Eigenkapitalkonto, das die Kapitaleinlagen zum Nennwert (bei der AG) enthält. Außerdem gehören dazu Konten für Rücklagen. In diese Rücklagen werden Gewinne, die im Laufe des Jahres entstehen, eingestellt. Der Gesetzgeber unterscheidet dabei:

- gesetzliche Rücklagen (§ 150 AktG)
- freie Rücklagen (§ 58 AktG).

In die gesetzlichen Rücklagen müssen beispielsweise jährlich 5 % des Jahresüberschusses eingestellt werden, und zwar so lange, bis 10 % des gezeichneten Kapitals erreicht sind. Bei der GmbH gibt es diese Auflage allerdings nicht. Rücklagen sind zusätzliches Haftungskapital.

Die Analyse des Jahresabschlusses

Das System der doppelten Buchführung samt Abschlusstechnik ist mehr als 500 Jahre alt. Die Bilanz pro Jahr setzte sich im 19. Jahrhundert durch. In dieser Zeit kam auch die Differenzierung in Handels- und Steuerbilanz auf. Heute ist die Jahresbilanz nicht nur in Deutschland Gesetz. In den USA sind Quartalsbilanzen bei großen Gesellschaften üblich. Die Bilanz soll einen wahren, möglichst objektiven Einblick über die Vermögensverhältnisse des Unternehmens zu einem Stichtag geben.

Da das stichtagsbezogene Bild des Unternehmens allein nicht aussagefähig ist, kommt die Gewinn- und Verlustrechnung als zeitbezogene Erfolgsrechnung hinzu. Außerdem müssen mittlere und große Kapitalgesellschaften einen Lagebericht verfassen, der eine möglichst genaue Beschreibung des Unternehmens und seiner Perspektiven liefern soll.

Kennzahlen sind objektive Beurteilungskriterien

Ein geübter Fachmann oder eine geübte Fachfrau werden aus solch einer Bilanz eine ganze Menge über das Unternehmen herauslesen können. Trotzdem bedient man sich auch spezieller Analysemethoden, um einen objektiveren Vergleich durchführen zu können. Die bekannteste Methode ist die Analyse mit **Kennzahlen**. Sie geben in erster Linie Aufschluss über die Vermögenssituation und die Liquiditätslage. Weitere Kennzahlen informieren über die Rentabilität und die Investitionsfähigkeit des Unternehmens.

Hinweis: Detaillierte Informationen über Kennzahlen erhalten Sie im gleichnamigen TaschenGuide.

Die wichtigsten Kennzahlen

In der Regel wird als erstes die Frage nach der **Rentabilität** des Unternehmens gestellt. Dabei können Sie zwei Kennzahlen unterscheiden:

- Die **Eigenkapitalrentabilität** soll zeigen, ob sich der Einsatz des Eigenkapitals gelohnt hat:

$$\frac{\text{Gewinn (Verlust) in €/Jahr}}{\text{durchschnittliches Eigenkapital in €}} \times 100$$

- Die **Gesamtkapitalrentabilität** soll zeigen, wie rentabel das gesamte Unternehmen ist. Denn ein Unternehmen finanziert sich nicht nur aus eigenem Kapital, sondern auch aus Fremdkapital. Die Formel zur Berechnung der Gesamtkapitalrentabilität lautet:

$$\frac{\text{Gewinn (Verlust) + Zinsaufwand €/Jahr}}{\text{durchschnittliches Gesamtkapital in €}} \times 100$$

Die Umsatzrentabilität gibt an, wie viel Gewinn oder Verlust in Prozent von den Nettoerträgen übrig bleibt:

$$\frac{\text{Gewinn (Verlust) in €/Jahr}}{\text{Erträge in €/Jahr}} \times 100$$

Wie ist das Kapital angelegt und wie liquide ist das Unternehmen?

Nicht uninteressant ist es auch zu wissen, wie das Kapital im Unternehmen angelegt ist. Optimal wäre es, wenn das langfristige Kapital auch im langfristigen Vermögen (dem Anlagevermögen) steckt, oder noch besser: wenn es zusätzlich einen Teil des Umlaufvermögens mitfinanziert; so ist es ein gutes Zeichen, wenn der Warenbestand, der als Grundbestand eigentlich immer am Lager liegt, mit langfristigen Mitteln finanziert ist. Für eine weniger gute Lage des Unternehmens spricht, wenn das langfristige Kapital nicht für das Anlagevermögen ausreicht, dieses also auch durch kurzfristige Mittel finanziert ist. Dann liegt eine Kapitalunterdeckung vor.

Der Anteil des langfristigen Kapitals zum Anlagevermögen errechnet sich wie folgt:

$$\frac{\text{Langfristiges Kapital in €}}{\text{Anlagevermögen in €}} \times 100$$

Die eigentliche Zahlungsfähigkeit ergibt sich aber aus drei speziellen Kennziffern zur **Liquidität**:

- Die **Liquidität 1. Grades** prüft, welche kurzfristigen Mittel (Aktiva) zur Verfügung stehen (Kassenbestände, Bank- und Postscheckguthaben), um die kurzfristigen Verbindlichkeiten (Passiva) zu bezahlen:

$$\frac{\text{Flüssige Mittel in €}}{\text{kurzfristige Verbindlichkeiten in €}} \times 100$$

- Die **Liquidität 2. Grades** bezieht die kurzfristigen Forderungen in die Betrachtung mit ein, also alle Mittel, die das Unternehmen selbst kurzfristig noch zu bekommen hat.

$$\frac{\text{Flüssige Mittel} + \text{kurzfristige Forderungen}}{\text{kurzfristige Verbindlichkeiten in €}} \times 100$$

- Die **Liquidität 3. Grades** erhält man, wenn auch sonstige kurzfristig liquidierbare Teile des Umlaufvermögens mit hinzugerechnet werden. Damit ist i. d. R. der vorhandene Warenbestand gemeint. Die Summe dieser kurzfristigen Mittel nennt man auch das Working Capital.

$$\frac{\text{Working Capital in €}}{\text{kurzfristige Verbindlichkeiten in €}} \times 100$$

Eine Analyse des Jahresabschlusses ist nicht nur bei fremden Unternehmen interessant, sondern auch ein gutes Mittel, um die Entwicklung des eigenen Unternehmens zu beobachten. Dabei ist die einmalige Erstellung von Kennzahlen allerdings wenig aussagefähig. Erst durch eine regelmäßige Betrachtung und den Vergleich verschiedener Geschäftsjahre erkennen Sie positive bzw. negative Veränderungen.

Teil 2: Training Buchführung

Das ist Ihr Nutzen

Im Trainingsteil dieses Buches üben Sie die wichtigsten Grundregeln und Techniken anhand von Situationen aus der Unternehmenspraxis ein. Ob Sie einsteigen, sich auf Prüfungen oder auf den ersten Job vorbereiten oder Ihre Schulkenntnisse auffrischen – die Übungen können Sie schnell und flexibel, sogar unterwegs, durchführen. Sie gewinnen Sicherheit, selbstständig und ordnungsgemäß in Ihrem Unternehmen Buch zu führen. Natürlich übernimmt in der Praxis vieles davon ein Buchführungsprogramm, aber: Ein guter Buchhalter weiß, was sein Buchführungsprogramm macht!

Übungen zur Einnahme-Überschussrechnung sind mit dem Kürzel EÜ, Übungen zur Bilanzierung mit B gekennzeichnet. Ein paar Übungen, beziehen sich auf den Lexware buchhalter (mit gekennzeichnet). Sie sollen zeigen, wie viel Rechen- und Schreibaufwand Ihnen ein Buchführungsprogramm in der Praxis abnimmt. Möchten Sie die Übungen eingeben, können Sie sich dazu unter auf www.lexware.de eine kostenlose Testversion anfordern. Alternativ können Sie sich dort auch ganz einfach die Schulungsvideos ansehen. Und natürlich können Sie die Übungen auch in einer anderen Buchführungssoftware erfassen.

Ich habe für meine Leserinnen und Leser eine Internetseite eingerichtet. Änderungen bzw. Neuerungen zu Themen, die in diesem Buch beschrieben sind, finden Sie unter www.iris-thomsen.de. Gerne können Sie auch per E-Mail Fragen stellen oder Feedback geben. Viel Spaß und Erfolg bei Ihrer Buchführung!

Die Buchführung beginnen

In diesem Kapitel

- gewinnen Sie Sicherheit darüber, ob Sie bilanzieren müssen oder ob eine Einnahme-Überschussrechnung ausreicht.
- Ihnen werden die jeweiligen Besonderheiten klar und
- Sie können die Kontenarten richtig zuordnen.

Darum geht es in der Praxis

Wie fange ich überhaupt an? Kann ich einfach loslegen? Was muss ich vorher wissen oder klären? Diesen Fragen widmen sich die folgenden Übungen.

Selbstständige und Unternehmen müssen eine Gewinnermittlung erstellen, eine Gegenüberstellung von Betriebseinnahmen und -ausgaben. Unternehmensform, Umsatz und Gewinn bestimmen, welche der beiden Gewinnermittlungsarten – Einnahme-Überschussrechnung oder Bilanz mit Gewinn- und Verlustrechnung – vom Unternehmen verlangt wird.

Bevor die Frage der Gewinnermittlungsart nicht geklärt ist, können Sie nicht mit Ihrer Buchführung beginnen! Möchten Sie Ihre Gewinnermittlung mithilfe eines Buchführungsprogramms erstellen, müssen Sie bereits in den Firmenstammdaten die Gewinnermittlungsart eingeben. Eine Korrektur der Stammdaten ist in der Regel nicht möglich, Sie müssen eine neue Firma anlegen, wenn Sie die Gewinnermittlungsart später ändern möchten.

Also: Steigen Sie ein in die Buchführung, indem Sie mit den folgenden Übungen Sicherheit darüber gewinnen, welche Gewinnermittlungsart in welchen Unternehmen verlangt wird, was Sie bei der jeweiligen Gewinnermittlungsart beachten müssen und wie Sie die verschiedenen Kontenarten zuordnen. So ersparen Sie sich in der Praxis viel unnötigen Aufwand.

Die richtige Art der Gewinnermittlung finden

Sind Sie zur doppelten Buchführung verpflichtet?

Übung 1

3 min

Kreuzen Sie bitte an, in welchen Fällen Sie für Ihr Unternehmen eine Bilanz mit Gewinn- und Verlustrechnung (G+V) erstellen müssen.

1) Ihr Unternehmen ist eine Kapitalgesellschaft (GmbH, AG).
2) Ihr Unternehmen ist keine Kapitalgesellschaft und der Gewinn liegt über 60.000 € im Jahr.
3) Ihr Unternehmen ist eine Personengesellschaft und im Handelsregister eingetragen.
4) Ihr Unternehmen ist nicht im Handelsregister eingetragen. Der Umsatz liegt über 600.000 € und der Gewinn bei 20.000 € im Jahr.
5) Sie sind freiberuflich tätig und Ihr Umsatz liegt über 600.000 € im Jahr.
6) Ihr Unternehmen ist keine Kapitalgesellschaft und auch nicht im Handelsregister eingetragen. Ihr Umsatz liegt unter 600.000 € im Jahr.

Lösungstipp

Die Buchführungspflicht nach Steuerrecht ist in § 141 AO geregelt, diejenige nach Handelsrecht in § 238 HGB.

Lösung 1

Richtig sind die Antworten 1, 2, 3 und 4. Bilanzierungs- und Buchführungspflicht besteht für folgende Unternehmen:

- Alle Kapitalgesellschaften und im Handelsregister eingetragene Unternehmen, unabhängig von Umsatz und Gewinn. Ausnahme: Im Handelsregister eingetragene Einzelfirmen, die nicht am Kapitalmarkt orientiert sind und deren Umsatz in zwei aufeinanderfolgenden Jahren über 600.000 € (500.000 € bis 2015) und deren Gewinn über 60.000 € (50.000 € bis 2015) liegt.
- Alle anderen Unternehmen und Vereine, deren Umsatz über 600.000 € oder der Gewinn über 60.000 € liegt, außer Freiberufler.
- Land- und forstwirtschaftliche Betriebe, deren Gewinn über 60.000 € liegt oder deren Wirtschaftswert der selbst bewirtschafteten Flächen über 25.000 € liegt.

Jeder kann freiwillig Bücher führen.

Praxistipp

Ist für Ihr Unternehmen die Buchführungspflicht weggefallen oder haben Sie bisher freiwillig Bücher geführt, können Sie zu Beginn des nächsten Geschäftsjahres mit der Einnahme-Überschussrechnung beginnen.

Müssen Sie nur eine Einnahme-Überschussrechnung erstellen?

Übung 2
3 min

Kreuzen Sie bitte an, in welchen Fällen für Ihr Unternehmen eine Einnahme-Überschussrechnung ausreicht.

1) Sie üben eine freiberufliche Tätigkeit aus.
2) Sie üben eine freiberufliche Tätigkeit aus und Ihr Gewinn liegt über 60.000 € im Jahr.
3) Sie üben eine freiberufliche Tätigkeit aus und Ihr Umsatz liegt über 600.000 € im Jahr.
4) Ihr Unternehmen ist eine Personengesellschaft und im Handelsregister eingetragen.
5) Ihr Unternehmen ist eine Kapitalgesellschaft und der Gewinn liegt unter 60.000 € im Jahr.
6) Ihr Unternehmen ist nicht im Handelsregister eingetragen und der Gewinn liegt unter 60.000 € im Jahr.

Lösungstipp

Die Einnahme-Überschussrechnung ist im Steuerrecht in § 4 (3) EStG geregelt.

Lösung 2

Richtig sind die Antworten 1, 2, 3 und 6.

Keine Buchführungspflicht besteht für folgende Unternehmen (hier reicht also eine Einnahme-Überschussrechnung):

- Alle Freiberufler, unabhängig von Umsatz und Gewinn.
- Unternehmen, die nicht im Handelregister eingetragen sind, und deren Umsatz nicht über 600.000 € (500.000 € bis 2015) oder deren Gewinn nicht über 60.000 € (50.000 € bis 2015) liegt. Ausnahme: Im Handelsregister eingetragene Einzelfirmen, deren Umsatz und Gewinn in zwei aufeinander folgenden Jahren nicht über 600.000 € bzw. 60.000 € liegt.
- Land- und forstwirtschaftliche Betriebe, deren Gewinn nicht über 60.000 € liegt, oder deren Wirtschaftswert der selbst bewirtschafteten Flächen nicht über 25.000 € liegt.

Praxistipps

- Sind Sie sich unsicher, wie hoch Ihr Umsatz oder Ihr Gewinn im ersten Jahr ausfallen werden, können Sie mit der Einnahme-Überschussrechnung starten. Am Jahresende sehen Sie Ihre Zahlen und können im folgenden Jahr mit der doppelten Buchführung beginnen.
- Das Finanzamt wird Sie ebenfalls zur doppelten Buchführung auffordern, wenn die oben genannten Grenzen nachhaltig überschritten werden.

> Es ist sinnvoll diese Entscheidung zusammen mit Ihrem Steuerberater zu treffen. Ein Wechsel zum Jahresbeginn ist möglich, bedarf aber einiger Zusatzarbeiten.

Die Besonderheiten der Bilanzierung kennen

Was müssen Sie bei der Bilanz beachten? (B)

Übung 3
3 min

Kreuzen Sie bitte die zutreffenden Aussagen an.

1) Am 31.12. müssen Sie eine Inventur durchführen.
2) Die Inventurergebnisse sind maßgeblich für die Bilanz. Differenzen müssen umgebucht werden.
3) Die Passivseite der Bilanz ist eine Aufstellung der Schulden des Unternehmens.
4) Die Aktivseite der Bilanz zeigt das Anlage- und das Umlaufvermögen des Unternehmens.
5) Fertige Erzeugnisse müssen bewertet und in der Bilanz erfasst werden.
6) Die G+V ist eine Gegenüberstellung von Aufwendungen und Erträgen, die wirtschaftlich in das Abschlussjahr gehören, egal wann sie geflossen sind.
7) Gezahlte Vorsteuer und Umsatzsteuerzahlung an das Finanzamt sind Betriebsausgaben.

Lösung 3

Richtig sind die Antworten 1, 2, 4, 5 und 6.

- Bilanz ist eine Gegenüberstellung von Vermögen (Aktivkonten) und Kapital (Passivkonten).
- Vorsteuer ist eine Forderung und Umsatzsteuer ist eine Verbindlichkeit gegenüber dem Finanzamt.
- Am 31.12. muss eine Inventur durchgeführt werden. Die Vermögensgegenstände (Anlagevermögen, Waren, Material, halbfertige, fertige Erzeugnisse und Schulden) müssen bewertet werden, d. h. es muss überprüft werden, ob die Buchwerte noch mit dem tatsächlichen Marktwert übereinstimmen. Inventurwerte sind maßgebend für die Bilanz.
- Die Gewinn- und Verlustrechnung (G+V) ist eine Gegenüberstellung von Aufwendungen und Erträgen (Erfolgskonten), die wirtschaftlich in das Geschäftsjahr gehören, unabhängig vom Zahlungszeitpunkt.
- Aufwendungen und Erträge, die wirtschaftlich nicht in das Abschlussjahr gehören, werden abgegrenzt.
- Das Ergebnis der G+V fließt in das Eigenkapital, Gewinn erhöht das Eigenkapital und Verlust mindert es.

Sie machen Inventur (B)

Übung 4

5 min

Sie müssen eine Inventur durchführen. Dafür haben Sie verschiedene Möglichkeiten. Tragen Sie bitte ein, wodurch sich die einzelnen Inventurarten unterscheiden.

- Stichtagsinventur:

  ____

  ____

- Zeitverschobene Inventur:

  ____

  ____

- Permanente Inventur:

  ____

  ____

- Stichprobeninventur:

  ____

  ____

Lösungstipp

Fast alle Industriebetriebe, Groß- und Einzelhändler sowie Internetshops führen heutzutage die permanente Inventur durch. Jede Lieferung und jeder Verkauf wird per EDV registriert, in den meisten Fällen wird sogar durch Lagerentnahme oder den Verkauf automatisch eine Bestellung ausgeführt.

Lösung 4

- Stichtagsinventur:

  Die körperliche Bestandsaufnahme am 31.12. Sie kann aber auch zehn Tage vor oder nach dem Stichtag erfolgen. In diesem Fall müssen Sie die Ein- und Ausgänge im fehlenden Zeitraum bis zum 31.12. anhand von Belegen ermitteln.
- Zeitverschobene Inventur:

  Hier zählen Sie innerhalb der letzten drei Monate vor und der ersten zwei Monate nach dem 31.12. Sie führen genaue Aufzeichnungen und rechnen die Werte auf den Stichtag hoch.
- Permanente Inventur:

  Bei dieser Methode führen Sie über jeden Ein- und Ausgang Bücher bzw. EDV-Aufzeichnungen. In großen Betrieben ist diese Inventur die Regel.
- Stichprobeninventur:

  Hier begrenzt sich die körperliche Bestandsaufnahme lediglich auf einen bestimmten Prozentsatz.

Praxistipps

- Die Stichprobeninventur wird nur anerkannt, wenn Sie Ihre Inventur grundsätzlich nach der zeitverschobenen oder permanenten Inventur durchführen.
- Lagerkosten können sehr teuer sein. Daher sollten Sie Ihr Lager ständig überwachen und ggf. auf EDV umstellen.

Die Besonderheiten der Einnahme-Überschussrechnung kennen

Was müssen Sie bei der Einnahme-Überschuss-rechnung beachten? (EÜ)

Übung 5
3 min

Fassen Sie die Besonderheiten der Einnahme-Überschuss-rechnung zusammen. Welche Aussagen treffen zu?

1) Betriebsausgaben und -einnahmen werden in dem Jahr erfasst, in das sie wirtschaftlich gehören, der Zahlungs-zeitpunkt ist unwichtig.
2) Über das Anlagevermögen müssen Sie eine Aufzeichnung führen, damit die Abschreibung nachvollzogen werden kann.
3) Sie müssen keine Inventur machen.
4) Eingenommene Umsatzsteuer und die Umsatzsteuer-erstattung vom Finanzamt sind Betriebseinnahmen.
5) Vorsteuer ist eine Forderung gegenüber dem Finanzamt.
6) Auf den Zahlungszeitpunkt kommt es an; es zählen nur Betriebseinnahmen und -ausgaben, die tatsächlich geflos-sen sind, egal in welches Jahr sie wirtschaftlich gehören.

Lösung 5

Richtig sind die Antworten 2, 3, 4 und 6.

- Die Einnahme-Überschussrechnung ist eine Gegenüberstellung von tatsächlich geflossenen Betriebseinnahmen und -ausgaben.
- Umsatzsteuer und Umsatzsteuererstattung sind Betriebseinnahmen und Vorsteuer und Umsatzsteuerzahllast sind Betriebsausgaben, jeweils wenn sie tatsächlich geflossen sind.
- Ausnahme: regelmäßig wiederkehrende Einnahmen und Ausgaben, die innerhalb von zehn Tagen vor und nach dem 31.12. geflossen sind, wie Mieten, Zinsen, fällige Umsatzsteuer-Vorauszahlungen etc. Beispiel: Die Miete für Dezember 01 wurde am 2. Januar 02 gezahlt, sie ist eine Ausgabe im Dezember 01.
- Aufzeichnungen über Forderungen, Verbindlichkeiten, Vermögen, Kapital sowie Inventur sind nicht erforderlich.
- Die Abschreibung ist eine Betriebsausgabe. Das Anlagevermögen muss aufgezeichnet werden, sodass die Abschreibung nachvollzogen werden kann.

Praxistipp

Die Einnahme-Überschussrechnung ist mit weniger Arbeitsaufwand verbunden und außerdem müssen Sie nur die Einnahmen und Ausgaben versteuern, die tatsächlich geflossen sind, d. h. nur realisierte Gewinne.

Die Kontenarten richtig zuordnen

Sie erstellen eine Bilanz mit Gewinn- und Verlustrechnung (B)

Übung 6
4 min

Stellen Sie sich vor, Sie müssen für Ihr Unternehmen eine Bilanz mit Gewinn- und Verlustrechnung erstellen.

a) Kreuzen Sie an, was Sie in diesem Fall zusätzlich zu Ihrer Steuererklärung beim Finanzamt einreichen müssen.

1. Inventarliste
2. Eröffnungsbilanz für das erste Geschäftsjahr
3. Gewinnermittlung in Form einer G+V
4. Aufstellung von Vermögen und Kapital in Form einer Bilanz
5. Bei Kapitalgesellschaften ein Bilanzbericht = Anhang
6. Abschreibungsliste

b) Tragen Sie folgende Konten in Bilanz und G+V ein:

Pkw, Büroeinrichtung, Materialbestand, Vorsteuer, Forderungen, Materialverbrauch, Löhne, Bank, Erlöse, Eigenkapital, Verbindlichkeiten, Umsatzsteuer.

Bilanz

Vermögen	Kapital

G+V

Aufwand	Ertrag

Lösung 6

Richtig sind die Antworten 2, 3, 4, 5 und 6.

b) So sehen die Bilanz und die G+V aus:

- Bilanz:

Aktiva	Passiva
Pkw	Eigenkapital
Büroeinrichtung	Verbindlichkeiten
Materialbestand	Umsatzsteuer
Forderungen	
Vorsteuer	
Bank	

- Gewinn- und Verlustrechnung:

Aufwand	Ertrag
Materialverbrauch	Umsatzerlöse
Löhne	

Praxistipp

Sie benötigen Holz, um einen Tisch herzustellen. Liegt das Holz noch im Lager, ist dieses Holz Vorratsvermögen (Materialbestand).
Haben Sie das Holz zu einem Tisch verarbeitet und das fertige Erzeugnis verkauft, wird in der Gewinn- und Verlustrechnung der Materialverbrauch unter „Aufwand" und der Verkaufspreis unter „Ertrag" erfasst.

Sie erstellen eine Einnahme-Überschussrechnung (EÜ)

Übung 7
4 min

Stellen Sie sich vor, Sie haben ein Unternehmen, für das Sie eine Einnahme-Überschussrechnung erstellen müssen.

a) Kreuzen Sie an, was Sie beim Finanzamt neben Ihrer Steuererklärung zusätzlich einreichen müssen.
   1. Gewinnermittlung in Form einer Einnahme-Überschussrechnung
   2. Aufstellung über Forderungen und Verbindlichkeiten
   3. Abschreibungsliste
   4. Inventarliste

b) Tragen Sie die notwendigen Konten in die Einnahme-Überschussrechnung ein: Pkw, Büroeinrichtung, Materialbestand, Vorsteuer, Forderungen, Materialverbrauch, Löhne, Bank, Erlöse, Eigenkapital, Verbindlichkeiten, Umsatzsteuer.

Einnahme-Überschussrechnung
Betriebseinnahmen
________________ ________________
Betriebsausgaben
________________ ________________ ________________ ________________

Lösung 7

a) Richtig sind die Antworten 1 und 3.

b) So sieht Ihre Einnahme-Überschussrechnung aus:

Einnahme-Überschussrechnung
Betriebseinnahmen
Erlöse Umsatzsteuer
Betriebsausgaben
Materialbestand Materialverbrauch Löhne Vorsteuer

Praxistipp

Haben Sie im Dezember eine größere Warenlieferung bezahlt und sie erst im ersten Quartal des folgenden Jahres verkauft, führt das zu sehr unterschiedlichen Jahresergebnissen. Achten Sie darauf: Vielleicht lohnt es sich, die Waren später zu bezahlen.

Gewinnermittlungsart wählen

Übung 8
2 min

Welche Gewinnermittlungsart müsste die Firma Max Mustermann GmbH wählen? Der Gewinn des Unternehmens liegt unter 60.000 €.

Lösungstipp

Kapitalgesellschaften sind zur doppelten Buchführung verpflichtet.

Einfache Buchführung darstellen

Übung 9
5 min

Erfassen Sie für eine Arztpraxis:
Kauf Fachliteratur bar 100 €, Lieferung Büromaterial gegen Rechnung 120 €, Umsatz bar 300 €, Umsatz in Rechnung gestellt 1.500 €. Auf dem Bankkonto gab es keine Ein- und Ausgänge.

Bezeichnung	Betrag
Betriebseinnahmen	
Betriebsausgaben	
Gewinn oder Verlust	

Lösung 8

Die Angabe „GmbH oder AG" weist daraufhin, dass es sich um eine Kapitalgesellschaft handelt. Das heißt, die Max Mustermann GmbH muss eine Bilanz mit Gewinn- und Verlustrechnung (Betriebsvermögensvergleich) erstellen. Die Höhe von Umsatz und Gewinn spielen dabei keine Rolle.

Lösung 9

Bei der einfachen Buchführung müssen Sie folgende Daten erfassen:

Bezeichnung	**Betrag**
Betriebseinnahmen:	
Umsatz bar	300 €
Betriebsausgaben:	
Fachliteratur	100 €
Gewinn	200 €

Erst wenn das Büromaterial bezahlt wird und die Kundengelder auf der Bank eingehen, werden sie in der Gewinnermittlung erfasst.

Praxistipp

Bei der einfachen Buchführung zählen nur Beträge, die tatsächlich geflossen sind. Offene Rechnungen usw. werden nicht verbucht.

Doppelte Buchführung darstellen

Übung 10
10 min

Angenommen es handelt sich nicht um einen Tag in einer Arztpraxis, sondern in einem Handelsunternehmen, einer GmbH. Kauf Fachliteratur bar 100 €, Lieferung Büromaterial gegen Rechnung: 120 €, Umsatz bar 300 €, Umsatz in Rechnung gestellt 1.500 €. Auf dem Bankkonto gab es keine Ein- und Ausgänge. Was müssen Sie bei der doppelten Buchführung erfassen ohne Berücksichtigung der Umsatzsteuer?

- Bilanz:

Vermögen	**Kapital**
Zugänge/Abgänge ...	Zugänge ...
Kasse	Gewinn
Kasse	Verbindlichkeiten
Forderungen	

- Gewinn- und Verlustrechnung:

Aufwand	**Ertrag**
Gewinnminderung durch ...	Gewinnerhöhung durch ...
Fachliteratur	Tagesumsatz
Büromaterial	
Saldo = Gewinn	

Lösung 10

- Bilanz:

Vermögen		Kapital	
Zugänge/Abgänge ...		Zugänge ...	
Kasse	– 100 €	Gewinn	+ 1.580 €
Kasse	+ 300 €	Verbindlichkeiten	+ 120 €
Forderungen	+ 1.500 €		
	1.700 €		1.700 €

- Gewinn- und Verlustrechnung:

Aufwand		Ertrag	
Gewinnminderung durch ...		Gewinnerhöhung durch ...	
Fachliteratur	– 100 €	Tagesumsatz	+ 1.800 €
Büromaterial	– 120 €		
Saldo = Gewinn	+ 1.580 €		

Praxistipp

Bei der doppelten Buchführung müssen Sie alles erfassen: Geldein- und -ausgänge, Zu- oder Abgang von Anlagevermögen oder Vorräten, eingenommene und zu erwartende Umsätze, bezahlte und zu erwartende Ausgaben sowie alle Aufwendungen und Erträge, die wirtschaftlich bzw. tatsächlich in das Jahr gehören, egal wann sie geflossen sind.

> Die doppelte Buchführung verfolgt jede Veränderung in den Werten des Unternehmens.

Konten auswählen

Übung 11
2 min

Sie kaufen einen Computer für 2.380 € inkl. 19 % USt. und bezahlen ihn bar. Welche Konten müssen Sie auswählen? Ihr Kontenrahmen bietet die folgenden Konten zur Auswahl:

- Betriebs- und Geschäftsausstattung (Aktivkonto/Anlagevermögen
- Kasse (Aktivkonto/Umlaufvermögen)
- Vorsteuer (Aktivkonto/Umlaufvermögen)
- Umsatzsteuer (Passivkonto/Fremdkapital)

Zuordnen der Kontenarten bei einer Bilanz mit G+V (B)

Übung 12
10 min

Kontenarten: Aktiv-, Passiv- oder Erfolgskonten. Kategorien: Anlagevermögen (AV), Umlaufvermögen (UV), Eigenkapital (EK), Fremdkapital (FK), Aufwand oder Ertrag.

Definieren Sie bitte die Konten in der Tabelle genauer.

Bezeichnung	**AV, UV, EK, FK, Aufwand od. Ertrag**	**Aktiv-, Passiv- oder Erfolgskonto**
Verbindlichkeiten		
Abschreibungen		
Pkw		
Bank		
Umsatzsteuer 19 %		

Löhne		
Umsatzsteuervorauszahlung		
Maschinen		
Erlöse 19 % Umsatzsteuer		
Abziehbare Vorsteuer 19 %		

Lösungstipps

- Anlagevermögen sind immaterielle (Firmenwert, Grundstücke, Software) und materielle Vermögensgegenstände (Gebäude, Maschinen, Fahrzeuge). und fester Bestandteil Ihrer Unternehmenseinrichtung bzw. -ausstattung. Mit dem Anlagevermögen sind Sie in der Lage, Ihr Unternehmen zu führen, Produkte zu vertreiben oder zu produzieren.
- Zum Umlaufvermögen zählen Ihr Geld auf der Bank und in der Kasse, offene Forderungen sowie alle Waren- und Materialbestände. Im laufenden Jahr verändert sich Ihr Umlaufvermögen ständig: Material einkaufen und entnehmen, Waren kaufen und verkaufen, Zahlungsaus- und -eingänge etc.
- Als Fremdkapital werden kurz- und langfristige Darlehen sowie Ihre Verbindlichkeiten gegenüber Handwerkern, Lieferanten und Behörden bezeichnet.
- Unter „Eigenkapital" versteht man den Saldo von Vermögen und Schulden. Es wächst durch Gewinne laut G+V und Privateinlagen und sinkt durch Verluste laut G+V, Gewinnausschüttungen und Privatentnahmen.

- Zum Aufwand zählen alle Kosten, die beim allgemeinen Geschäftsablauf anfallen (Löhne, Mieten, Büromaterial), sowie alle Kosten, die erforderlich sind, um die Einnahmen zu erzielen. D. h. im Fall eines Verkaufs der Einkaufspreis bzw. die Produktionskosten. Der Aufwand mindert den Gewinn, also das Eigenkapital.
- Erträge bzw. Erlöse sind die Einnahmen, die Sie Ihren Kunden in Rechnung gestellt haben, z. B. der Verkaufpreis von Waren, fertigen Erzeugnissen und Dienstleistungen. Erlöse erhöhen den Gewinn, also das Eigenkapital.

Lösung 11

Sie müssen folgende Konten auswählen: Betriebs- und Geschäftsausstattung, Kasse, Vorsteuer.

Praxistipps

- Wenn Sie einen Pkw kaufen, ist das ein Vermögenszugang im Anlagevermögen. Ihr Gewinn wird dadurch zunächst nicht gemindert. Nur die Abschreibung des Fahrzeugs ist eine Ausgabe. Neuwagen, so gibt das Finanzamt vor, haben eine Nutzungsdauer von sechs Jahren. Das heißt, Ihr Gewinn wird jedes Jahr um ein Sechstel der Anschaffungskosten gemindert. Die Abschreibung beginnt in dem Monat, in dem das Anlagegut im Unternehmen genutzt werden kann. Im Jahr der Anschaffung erfolgt die Abschreibung monatlich, bei Anschaffung im Mai wird zum Beispiel acht Monate abgeschrieben.
- Sie müssen also wissen, dass das Konto „Pkw" in Ihrer Bilanz einen Vermögenszugang bewirkt und das Konto

„Abschreibung" einen Aufwand in Ihrer Gewinn- und Verlust- bzw. Einnahme-Überschussrechnung darstellt.

Lösung 12

So müssen Sie die Konten zuordnen:

Bezeichnung	**AV, UV, EK, FK, Aufwand od. Ertrag**	**Aktiv-, Passiv- oder Erfolgskonto**
Verbindlichkeiten	FK	Passivkonto
Abschreibungen	Aufwand	Erfolgskonto
Pkw	AV	Aktivkonto
Bank	UV	Aktivkonto
Umsatzsteuer 19 %	FK	Passivkonto
Löhne	Aufwand	Erfolgskonto
Umsatzsteuervorauszahlung	UV	Aktivkonto
Maschinen	AV	Aktivkonto
Erlöse 19 % Umsatzsteuer	Ertrag	Erfolgskonto
Abziehbare Vorsteuer 19 %	UV	Aktivkonto

Kontenarten bei EÜR zuordnen (EÜ)

Übung 13
6 min

Die Einnahme-Überschussrechnung ist eine einfache Aufzeichnung von Betriebseinnahmen (BE) und -ausgaben (BA). Möchten Sie diese Aufzeichnungen mithilfe eines Buchführungsprogramms erledigen, benutzen Sie neben den Einnahme- und Ausgabekonten auch einige Hilfskonten. Hilfskonten: Anlagevermögen (AV; Grundlage für Abschreibung), Finanzkonten (FK; Buchung der Kontoauszüge und Barbelege)

Definieren Sie die Konten in der Tabelle genauer.

Bezeichnung	AV, FK, BE, BA
Büroeinrichtung	
Abschreibung	
Kasse	
Pkw	
Bank	
Umsatzsteuer 19 %	
Löhne	
Umsatzsteuervorauszahlung	
Telefon	
Maschinen	
Erlöse 19 % Umsatzsteuer	
Abziehbare Vorsteuer 19 %	

Lösungstipps

Bei der Einnahmen-Überschussrechnung zählen Umsatzsteuerzahlungen an das Finanzamt und gezahlte Vorsteuer zu den Betriebsausgaben. Umsatzsteuererstattungen und eingenommene Umsatzsteuer zählen zu den Betriebseinnahmen.

Lösung 13

So ordnen Sie die Konten richtig zu:

Bezeichnung	
Büroeinrichtung	AV
Abschreibung	BA
Kasse	FK
Pkw	AV
Bank	FK
Umsatzsteuer 19 %	BE
Löhne	BA
Umsatzsteuervorauszahlung	BA
Telefon	BA
Maschinen	AV
Erlöse 19 % Umsatzsteuer	BE
Abziehbare Vorsteuer 19 %	BA

Die Bedeutung der Konten erkennen

Übung 14
2 min

Sie haben jetzt jede Menge Kontenarten kennen gelernt und wissen, dass Anlage- und Umlaufvermögen auf der linken und Eigen- und Fremdkapital auf der rechten Seite der Bilanz festgehalten werden.

Aktiva (Vermögen)	Passiva (Kapital)
Wo ist das Kapital angelegt?	Woher stammt das Kapital?
Vermögensarten	Vermögensherkunft
Mittelverwendung – Investierung	Mittelherkunft – Finanzierung

Warum genügen die Sammelkonten Anlagevermögen, Umlaufvermögen, Eigenkapital und Fremdkapital nicht, um zu zeigen, wie sich das Unternehmen entwickelt?

Lösungstipp

In der jährlichen G+V können Sie erkennen, welche Umsätze das Unternehmen macht und welche Ausgaben gegenüberstehen. Das Ergebnis eines Jahres verschwindet am Jahresende im Konto Eigenkapital. Erzielt das Unternehmen Gewinne, erhöht sich das Eigenkapital. Das Eigenkapital würde sich gleichermaßen durch eine Privateinlage des Unternehmers erhöhen.

Lösung 14

- Die Buchführung würde zu unübersichtlich werden und den Grundsätzen der ordnungsmäßigen Buchführung nicht mehr entsprechen.
- Schlimmstenfalls wird die Buchführung verworfen, also nicht anerkannt, dann war die ganze Arbeit umsonst.

Praxistipps

- Lesen Sie die Grundsätze ordnungsmäßiger Buchführung (GoBD) in § 238 HGB, § 145 AO und BMF Schreiben vom 14.11.2014 nach.
- Buchführung und Jahresabschluss müssen klar und übersichtlich gegliedert sein.
- Eine Verrechnung zwischen Vermögenswerten und Schulden bzw. Aufwand und Ertrag ist nicht erlaubt.
- Sämtliche Geschäftsvorfälle müssen sich in ihrer Entstehung und Abwicklung verfolgen lassen.
- Ihre Buchführung muss so beschaffen sein, dass sich ein sachverständiger Dritter (Steuerberater, Betriebsprüfer) in angemessener Zeit einen Überblick verschaffen kann.

Ihre Einnahme-Überschussrechnung muss ebenfalls klar gegliedert sein. Auch hier ist eine Verrechnung von Einnahmen und Ausgaben nicht möglich.

> Nur eine ordnungsmäßige Buchführung wird anerkannt.

Die doppelte Buchführung beherrschen

Wenn Sie die Aufgaben dieses Kapitels bearbeitet haben,

- können Sie problemlos Buchungssätze erstellen,
- das Geschäftsjahr eröffnen und abschließen und
- erkennen, wie sich Ihre Geschäfte im Laufe des Jahres entwickelt haben.

Darum geht es in der Praxis

Doppelte Buchführung – hört sich kompliziert an, ist es aber nicht! Wenn Sie in Ihrem Buchführungsprogramm die Buchungsmaske öffnen, finden Sie die Felder „Soll" und „Haben". Die Entscheidung, welches Konto Sie im Soll und welches Sie im Haben buchen, müssen immer Sie treffen. In der Schule haben Sie es gelernt – der Grundsatz lautet:

SOLL an HABEN

Im SOLL buchen Sie:

- Anfangsbestand und Zugänge bei Aktivkonten (AV, UV),
- Aufwand (Ausgaben) oder Erlösminderung (gewährte Rabatte, Gutschriften),
- Schlussbestand und Abgänge Passivkonten (EK, FK).

Im HABEN buchen Sie:

- Anfangsbestand und Zugänge von Passivkonten (EK, FK),
- Ertrag (Einnahme) oder Aufwandsminderung (erhaltene Rabatte, Gutschriften),
- Schlussbestand und Abgänge Aktivkonten (AV, UV).

Diese Regeln gelten immer, kein Buchführungsprogramm, kein erfahrener Buchhalter benutzt andere Regeln. Mit den nachfolgenden Übungen erlangen Sie die entsprechende Sicherheit und Sie werden sehen: Alles basiert auf diesem einfachen Schema, an das Sie sich immer halten können.

Buchungssätze erstellen

Eine Buchung im Soll durchführen

Übung 15
5 min

In welchem Fall buchen Sie auf die Sollseite (linke Seite) eines Kontos? Kreuzen Sie an, welche Aussage zutrifft.

Buchung im Soll auf das Konto ...

1) Pkw: Eingabe des Anfangsbestands
2) Material: bei Einkauf von neuem Material
3) Darlehen: bei Aufnahme eines Darlehens
4) Telefon: die neue Telefonrechnung
5) Pkw: bei Verkauf des Firmenwagens

Eine Buchung im Haben durchführen

Übung 16
5 min

In welchem Fall buchen Sie auf die Habenseite (rechte Seite) eines Kontos? Kreuzen Sie an, welche Aussage zutrifft.

Buchung im Haben auf das Konto ...

1) Bank: bei Zahlung einer Rechnung
2) Bank: bei Zahlungseingang
3) Eigenkapital: bei Gewinn
4) Verbindlichkeit: bei Rechnungseingang
5) Waren: bei Verkauf der Waren

Lösung 15

Die Antworten 1, 2 und 4 sind richtig.

Lösung 16

Die Antworten 1, 3, 4 und 5 sind richtig.

Praxistipp

Verwenden Sie bitte folgende Vorlage immer, wenn Sie Buchungssätze erstellen oder interpretieren müssen. Buchführung ist Übungssache, bald wird es für Sie keine schwierigen Buchungssätze mehr geben.

SOLL	an	HABEN
Zugänge AV+UV, Abgänge EK+FK, Aufwand oder Ertragsminderung		Zugänge EK+FK, Abgänge AV+UV, Ertrag oder Aufwandsminderung
	an	

Buchungssätze erstellen (ohne Umsatzsteuer)

Übung 17
8 min

Bilden Sie die Buchungssätze für folgende Geschäftsvorfälle:

1. Umsatz wird in Rechnung gestellt.
2. Umsatz wird bar eingenommen.
3. Einkauf von Büromaterial gegen Rechnung.
4. Die Miete wird vom Bankkonto abgebucht.
5. Die Telefonrechnung geht ein.
6. Sie zahlen ein Darlehen zurück vom Bankkonto.
7. Material wird verbraucht.
8. Sie kaufen eine Maschine gegen Rechnung.

Ihr Kontenplan verfügt über folgende Konten:
Maschinen, Forderungen, Materialbestand, Bank, Kasse, Darlehen, Verbindlichkeiten, Materialverbrauch, Miete, Telefon, Büromaterial, Erlöse.

Buchungen interpretieren

Übung 18
6 min

1. Bank	an	Eigenkapital (Privat)
2. Verbindlichkeiten	an	Bank
3. Waren	an	Verbindlichkeiten
4. Forderungen	an	Erlöse
5. Benzin	an	Kasse
6. Maschinen	an	Verbindlichkeiten

Lösung 17

Ihre Buchungssätze lauten:

SOLL	an	HABEN
1. Forderungen	an	Erlöse
2. Kasse	an	Erlöse
3. Büromaterial	an	Verbindlichkeiten
4. Miete	an	Bank
5. Telefon	an	Verbindlichkeiten
6. Darlehen	an	Bank
7. Materialverbrauch	an	Materialbestand
8. Maschine	an	Verbindlichkeiten

Lösung 18

Es handelt sich um folgende Geschäftsvorfälle:

1. Sie haben vom Privatkonto Geld auf das Geschäftskonto überwiesen.
2. Sie zahlen eine Rechnung per Banküberweisung.
3. Waren wurden gegen Rechnung geliefert.
4. Sie haben Ihrem Kunden eine Rechnung geschrieben.
5. Sie haben getankt und bar bezahlt.
6. Sie haben eine Maschine gegen Rechnung gekauft.

Praxistipp

Buchungssätze bzw. Buchungen interpretieren müssen Sie in der Praxis häufig: wenn Sie wissen möchten, was Ihr Kollege gebucht hat, oder Sie Buchungen kontrollieren möchten.

Den richtigen Kontenrahmen finden

Umgang mit Kontenrahmen

Übung 19
10 min

Um die Buchführung bzw. Ihre Aufzeichnungen transparenter zu gestalten, müssen Sie sich für einen Kontenrahmen entscheiden. Für diese Übung wurde der Kontenrahmen SKR 03 gewählt.
Tragen Sie die fehlende Kontonummer bzw. Kontenbezeichnung in die Tabelle ein.

Kontenbezeichnung	Kontonummer
Pkw	
Gehälter	
Miete	
Bürobedarf	
Provisionsumsätzeerlöse 19 % Umsatzsteuer	
	0420
	3400
	4540
	4910
	4985

Lösungstipp

In der Kontenübersicht im Anhang finden Sie die Konten, der Kontenrahmen SKR 03 und SKR 04.

- Oder Sie öffnen im Programm in der Musterfirma den Kontenplan SKR 03 unter Ansicht/Kontenplan. Klicken Sie oben auf „Alle Konten". Jetzt sehen Sie alle Konten entweder numerisch oder alphabetisch sortiert.

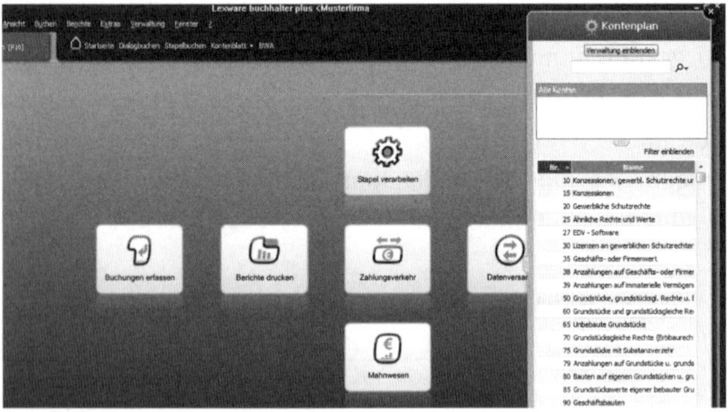

Lösung 19

- Die richtige Kontenbezeichnungen und Kontonummern lauten:

Kontenbezeichnung	Kontonummer
Pkw	0320
Gehälter	4120
Miete	4210
Bürobedarf	4930
Provisionsumsätze 19 % Umsatzsteuer	8519
Büroeinrichtung	0420
Wareneingang 19 % Vorsteuer	3400
Kfz-Reparaturen	4540
Porto	4910
Werkzeuge und Kleingeräte	4985

Praxistipp

- In der Praxis können Sie unter verschiedenen Kontenrahmen wählen (IKR, GKR, SKR01, SKR02, SKR03, SKR04 u. v. m.). Die Kontenrahmen beinhalten eine Vielzahl von Konten. Daher ist es wichtig, sich einen Überblick zu verschaffen.
- Schnelle Kontensuche im Programm: Geben Sie im „Suchfeld" die Kontenbezeichnung oder ein Wort der Kontenbezeichnung oder die Kontennummer ein – und schon wird das gesuchte Konto angezeigt.

Firmenstammdaten

Übung 20
6 min

Im Lexware buchhalter ist eine Musterfirma angelegt. Unter *Bearbeiten/Firma* sehen Sie die Stammdaten. Besteht hier die Möglichkeit, die Gewinnermittlungsart und den Kontenrahmen zu ändern?

Lösungstipp

Wählen Sie auf www.lexware.de/support unter „Videos" das Programm „Lexware buchhalter" aus. Hier werden Ihnen verschiedene Schulungsvideos angeboten. Öffnen Sie das Video „Die Firmenanlage"

Lösung 20

- Folgende Angaben lassen sich nicht mehr korrigieren. In diesem Fall müssen Sie eine neue Firma anlegen: die Art der Gewinnermittlung (Betriebsvermögensvergleich oder Einnahme-Überschussrechnung), Kontenrahmen, erstes Buchungsjahr, abweichendes Wirtschaftsjahr.
- Sind bereits einige Buchungen eingegeben und Sie bemerken erst dann einen Fehler in Ihren Firmenstammdaten, haben Sie die Möglichkeit, die Buchungsdaten zu exportieren. Legen Sie eine neue Firma mit den richtigen Stammdaten an und importieren Sie anschließend die Buchungsdaten. Allerdings geht das nur, wenn Sie den gleichen Kontenrahmen verwenden.

Kontonummern finden

Übung 21
10 min

Tragen Sie die fehlenden Kontonummern ein.

Kontenbezeichnung	SKR03	SKR04
Geschäfts- oder Firmenwert		
Maschinen		
Büroeinrichtung		
Waren (Bestand)		
Forderungen aus Lieferungen und Leistungen		
Anrechenbare Vorsteuer 19 %		
Geldtransit		
Bank		
Gezeichnetes Kapital		
Verbindlichkeiten g. Kreditinstitut		
Umsatzsteuer 19 %		
Provisionsumsätzee 19 % Umsatzsteuer		
Wareneingang 19 % Vorsteuer		
Bürobedarf		

Lösungstipp

In der Kontenübersicht im Anhang finden Sie die Konten der Kontenrahmen SKR 03 und SKR 04.

Lösung 21

Kontenbezeichnung	SKR03	SKR04
Geschäfts- oder Firmenwert	0035	0150
Maschinen	0210	0440
Büroeinrichtung	0420	0650
Waren (Bestand)	7140	1140
Forderungen aus Lieferungen und Leistungen	1400	1200
Anrechenbare Vorsteuer 19 %	1576	1406
Geldtransit	1360	1460
Bank	1200	1800
Gezeichnetes Kapital	0800	2900
Verbindlichkeiten g. Kreditinstitut	0630	3150
Umsatzsteuer 19 %	1776	3806
Provisionsumsätze 19 % Umsatzsteuer	8519	4569
Wareneingang 19 % Vorsteuer	3400	5400
Bürobedarf	4930	6815

Praxistipps

- In Buchführungsprogrammen können Sie jederzeit individuelle Konten anlegen, z. B. weitere Konten für Büroeinrichtung.
- Sie vermeiden Fehler bei der Kontenzuordnung, indem Sie ein ähnliches Konto kopieren, anstatt es neu anzulegen.

Wählen Sie den gleichen Kontenrahmen, den auch Ihr Steuerberater benutzt. So sprechen Sie von den gleichen Kontonummern.

Eröffnungsbuchungen zu Beginn des Geschäftsjahres

Eröffnungsbilanz (B)

Übung 22
6 min

Am 31.12. wurde eine Inventur durchgeführt und in einer Inventarliste erfasst. Erstellen Sie eine Eröffnungsbilanz.

Pkw	20.000 €
Warenbestand	14.000 €
Bank	6.000 €
+ Summe Vermögen	40.000 €
Verbindlichkeiten	22.000 €
– Summe Fremdkapital	22.000 €
= Eigenkapital	18.000 €

AKTIVA	Bilanz	PASSIVA
______		______
______		______
______		
______		
Summe		Summe

Eröffnung der G+V (B)

Übung 23
1 min

Müssen Sie die Gewinn- und Verlustrechnung eröffnen?

Lösung 22

Die Eröffnungsbilanz lautet:

AKTIVA	Bilanz		PASSIVA
Pkw	20.000	Eigenkapital	18.000
Warenbestand	14.000	= Saldo (Vermögen-FK)	
Bank	6.000	Verbindlichkeiten	22.000
	40.000		40.000

Praxistipps

- Schlussbilanz 31.12.2015 = Eröffnungsbilanz 01.01.2016
- In der Praxis wird die Eröffnungsbilanz im Januar nur teilweise erstellt. Sie können zunächst nur die Banken, die Kasse sowie einige Forderungen (Debitoren) und Verbindlichkeiten (Kreditoren) eröffnen. Bei allen anderen Konten müssen Sie warten, bis die Schlussbilanz des Vorjahres fertig gestellt ist, was einige Monate später sein kann.
- Sobald die Bilanz des Vorjahres fertig ist, sollten Sie die Eröffnungswerte vervollständigen.

Lösung 23

Nein. Die Gewinn- und Verlustrechnung ist ein Unterkonto vom Eigenkapital. Die Ergebnisse der Erfolgskonten fließen in die G+V und das Ergebnis der G+V fließt in das Konto Eigenkapital, bei Gewinn als Zugang, bei Verlust als Abgang. Damit verschwindet das Ergebnis der G+V jedes Jahr im Konto Eigenkapital und fängt in jedem Geschäftsjahr bei null an.

Aktiv- und Passivkonten = Bestandskonten eröffnen (B)

Übung 24
6 min

Eröffnen Sie zu jeder Position der vorigen Übung ein Konto.

Pkw

S	H
AB	Abgänge
Zugänge	SB

Warenbestand

S	H
AB	Abgänge
Zugänge	SB

Bank

S	H
AB	Abgänge
Zugänge	SB

Eigenkapital

S	H
Abgänge	AB
SB	Zugänge

Verbindlichkeiten

S	H
Abgänge	AB
SB	Zugänge

Lösungstipps

- Doppelte Buchführung heißt, die Bestandskonten werden eröffnet. Bei jeder Buchung werden mindestens zwei Konten angesprochen, eines im Soll und eines im Haben.
- Später werden alle Konten abgeschlossen. Die Salden der Erfolgskonten fließen in die Gewinn- und Verlustrechnung, der Saldo der G+V fließt in das Konto „Eigenkapital" und die Salden der Aktiv- und Passivkonten werden in die Bilanz übertragen – und schon haben Sie das Ergebnis.

Lösung 24

So buchen Sie auf T-Konten:

S	Pkw		H
AB	20.000	Abgänge	
Zugänge		SB	

S	Warenbestand		H
AB	14.000	Abgänge	
Zugänge		SB	

S	Bank		H
AB	6.000	Abgänge	
Zugänge		SB	

S	Eigenkapital		H
Abgänge		AB	18.000
SB		Zugänge	

S	Verbindlichkeiten		H
Abgänge		AB	22.000
SB		Zugänge	

Praxistipp

Die G+V ist erst erforderlich, wenn durch einen Geschäftsvorfall bzw. Buchungssatz Erfolgskonten (Mieten, Telefon, Löhne, Zinsen, Erlöse) angesprochen werden.

Buchungssätze zur Konteneröffnung erstellen (B)

Übung 25 8 min

Wie lauten die sieben Buchungssätze, um die einzelnen Konten der Eröffnungsbilanz zu eröffnen? Ihr Kontenplan beinhaltet folgende Konten: Pkw, Maschinen, Waren (Bestand), Bank, Eigenkapital, Darlehen, Verbindlichkeiten, Saldovortrag (Eröffnungsbilanzkonto).

Eine Eröffnungsbilanz im Programm erstellen (B)

Übung 26 8 min

Öffnen Sie in der Testversion des Lexware buchhalters die Musterfirma. Vervollständigen Sie zunächst die Buchungssätze. Unter *Ansicht/Kontenplan* sehen Sie die Kontonummern des SKR 03. Alternativ stehen die Konten im Anhang des Buches.

Soll	Nr.	Haben	Nr.	Betrag
1. Pkw		Saldovortrag		
2. Waren (Bestand)		Saldovortrag		
3. Bank		Saldovortrag		
4. Saldovortrag		Eigenkapital		
5. Saldovortrag		Sonst.Verbindlichk.		

Buchen Sie die Eröffnungswerte unter *Buchen/Dialogbuchen*. Legen Sie ggf. unter *Datei/Buchungsjahr* neu ein neues Buchungsjahr an. Das enthält keine Musterbuchungen.

Lösung 25

So lauten die gesuchten Buchungssätze:

	SOLL	an	HABEN
1.	Pkw	an	Saldovortrag
2.	Maschinen	an	Saldovortrag
3.	Warenbestand	an	Saldovortrag
4.	Bank	an	Saldovortrag
5.	Saldovortrag	an	Eigenkapital
6.	Saldovortrag	an	Darlehen
7.	Saldovortrag	an	Sonst. Verbindlichk.

Lösung 26

Die Buchungssätze lauten:

Soll	Nr.	Haben	Nr.	Betrag
1. Pkw	0320	Saldovortrag	9000	20.000
2. Warenbestand	7140	Saldovortrag	9000	14.000
3. Bank	1200	Saldovortrag	9000	6.000
4. Saldovortrag	9000	Eigenkapital	0880	18.000
5. Saldovortrag	9000	Sonst. Verbindlichk.	1700	30.000

Praxistipps

- Im Menü Berichte/Auswertung/Bilanz sehen Sie die Bilanz bzw. über die Auswahl „Eröffnungsbilanz" die Eröffnungsbilanz.
- Haben Sie die Buchungen eingegeben, werden die Konten automatisch geöffnet. Unter *Ansicht/Sachkonto/Kontonummer*können Sie die Konten nacheinander ansehen.

Konten bei der Einnahme-Überschuss-rechnung eröffnen (EÜ)

Übung 27
8 min

Bei der einfachen Buchführung gibt es keine Konteneröffnung. Möchten Sie die Einnahme-Überschussrechnung mithilfe eines Buchführungsprogramms erledigen, geben Sie lediglich die Anfangsbestände der Finanzkonten ein.
Anfangsbestand Bank: 2.500 €

Bilden Sie den Buchungssatz.

Geschäftsvorfälle richtig buchen

Buchungssätze erstellen und auf T-Konten buchen

Übung 28
8 min

- Bilden Sie für folgende Geschäftsvorfälle die Buchungssätze:
  1. Abschreibung von Ihrem Pkw in Höhe von 5.000 €.
  2. Vom Bankkonto wurden 2.000 € für Mieten abgebucht.

  Ihr Kontenplan gibt folgende Konten vor: Pkw, Bank, Mieten, Abschreibung Sachanlagen.
- Buchen Sie die beiden Buchungssätze in die bereits eröffneten T-Konten (s. Übung 24).

Lösung 27

Der Buchungssatz lautet:

Soll	Nr.	Haben	Nr.	Betrag
1. Bank	1200	Saldovortrag	9000	2.500

Lösung 28

Die Buchungssätze lauten:

SOLL		an	HABEN	
1. Abschreibung Sachanlagen	5.000	an	Pkw	5.000
2. Mieten	2.000	an	Bank	2.000

So buchen Sie auf T-Konten:

S	Pkw		H
AB	20.000	Abgänge	
Zugänge		1.	5.000

S	Warenbestand		H
AB	14.000	Abgänge	
Zugänge			

S	Bank		H
AB	6.000	Abgänge	
Zugänge		2.	2.000

S	Eigenkapital		H
		AB	18.000
Abgänge		Zugänge	

S	Verbindlichkeiten	H
	AB	22.000
Abgänge	Zugänge	

S	G+V	H
Aufwand	Ertrag	

S	Mieten	H
Aufwand		
2.	2.000	Saldo = G+V

S	Abschreibung Sachanl.	H
Aufwand		
1.	5.000	Saldo = G+V

Im Programm buchen (B)

Übung 29

6 min

- Vervollständigen Sie die beiden Buchungssätze, indem Sie die Kontonummern und die Buchungsbeträge eintragen. Öffnen Sie dazu die Musterfirma. Dort haben Sie bereits die Eröffnungsbilanz gebucht. Im Kontenplan des Programms sowie im Anhang des Buches finden Sie die Kontonummern des SKR 03.

Soll	Nr.	Haben	Nr.	Betrag
1. Abschreibung Sachanlagen		Pkw		
2. Miete VSt. 0 %		Bank		

- Geben Sie bitte die beiden Buchungssätze unter *Buchen* oder *Dialogbuchen* ins Programm ein.

Lösung 29

Die Buchungssätze lauten:

Soll	Nr.	Haben	Nr.	Betrag
1. Abschreibung Sachanlagen	4830	PKW	0320	5.000
2. Miete VSt. 0 %	4210	Bank	1200	2.000

Sind alle Eingaben erledigt, verlassen Sie die Buchungsmaske mit „Ende". Im Menü *Ansicht/Sachkonto* können Sie die Konten nacheinander ansehen. Sehen Sie sich die Konten 0320, 4830, 4210 und 1200 an, die nun genauso aussehen sollten wie die T-Konten in der Lösung zur vorherigen Übung.

Praxistipps

- Für die Finanzkonten bietet der Lexware buchhalter spezielle Eingabemasken. Wählen Sie unter *Buchen/Einnahmen/Ausgaben* die Bank aus. Jetzt sehen Sie Ihren Banksaldo. Sie können ihn nach jeder Buchung überprüfen.
- In dieser Buchungsmaske müssen Sie nur ein Konto eingeben, das Konto Bank wird automatisch auf die richtige Seite gebucht. Durch die Eingabe von „Einnahme" oder „Ausgabe" erstellt das Programm den Buchungssatz. Stimmt Ihr Banksaldo, stimmt der Buchungssatz.

Das Geschäftsjahr abschließen

Die T-Konten abschließen

Übung 30
10 min

Sie haben die T-Konten eröffnet und zwei Geschäftsvorfälle gebucht. Schließen Sie nun alle Konten ab.

S	Pkw		H
AB	20.000	Abgänge	5.000
Zugänge		SB	

S	Warenbestand		H
AB	14.000	Abgänge	
Zugänge		SB	

S	Bank		H
AB	6.000	Abgänge	2.000
Zugänge		SB	

S	Eigenkapital		H
Abgänge		AB	18.000
G+V		Zugänge	
SB			

S	Verbindlichkeiten		H
Abgänge		AB	22.000
SB		Zugänge	

S	G+V		H
Aufwand		Ertrag	

S	Mieten		H
Aufwand	2.000	G+V =	

S	Abschreibung Sachanlagen		H
Aufwand	5.000	G+V =	

AKTIVA	Bilanz	PASSIVA
Summe		Summe

Lösungstipp

Beginnen Sie mit den Erfolgskonten und erfassen Sie die Ergebnisse in der G+V. Schließen Sie dann die G+V ab und erfassen Sie das Ergebnis im Konto Eigenkapital. Schließen Sie jetzt erst die Aktivkonten und Passivkonten ab und übertragen Sie die Ergebnisse in die Schlussbilanz.

Lösung 30

S	Pkw		H
AB	20.000	Abgänge	5.000
Zugänge		SB	15.000
	20.000		20.000

S	Warenbestand		H
AB	14.000	Abgänge	
Zugänge		SB	14.000
	14.000		14.000

S	Bank		H
AB	6.000	Abgänge	2.000
Zugänge		SB	4.000
	6.000		6.000

S	Eigenkapital		H
Abgänge		AB	18.000
G+V	7.000	Zugänge	
SB	11.000		
	18.000		18.000

S	Verbindlichkeiten		H
Abgänge		AB	22.000
SB	22.000	Zugänge	
	22.000		22.000

S	G+V		H
Aufwand		Erträge	
Mieten	2.000	Verlust	7.000
Abschr.	5.000		
	7.000		7.000

S	Mieten		H
Aufwand	2.000	G+V =	2.000
	2.000		2.000

S	Abschreibung Sachanlagen		H
Aufwand	5.000	G+V =	5.000
	5.000		5.000

AKTIVA	Bilanz		PASSIVA
Pkw	15.000	Eigenkapital	11.000
Warenbestand	14.000		
Bank	4.000	Verbindlichkeiten	22.000
Summe	33.000	Summe	33.000

Abschluss im Programm

Übung 31
1 min

Notieren Sie, wie Sie die Konten im Buchführungsprogramm abschließen.

Dialogbuchen oder Stapelbuchen im Buchführungsprogramm

Übung 32
6 min

Im Programm können Sie unter *Buchen* zwei unterschiedliche Buchungsmasken öffnen: „Dialogbuchen" und „Stapelbuchen". Die Buchungsmasken sehen genau gleich aus, bewirken aber Unterschiedliches. Notieren Sie, was jeweils mit Ihrer Buchung passiert:

- beim Dialogbuchen,
- beim Stapelbuchen.

Lösungstipp

Prüfen Sie, was Ihr Programm mit Stapelbuchungen macht. Berücksichtigt es in den Auswertungen nur Dialogbuchungen oder auch die Buchungen, die noch im Stapel sind?
Das Video „Die Buchungsarten" unter www.lexware.de/support zeigt die Vorgehensweise.

Lösung 31

Der Kontenabschluss gehört zu den Routinearbeiten in der Buchführung, die Ihnen das Buchführungsprogramm abnimmt. Im Hintergrund rechnet es nach jeder Buchung alle Kontensalden aus. Sie brauchen also nur auf den Knopf zu drücken und schon sehen Sie die einzelnen Konten, die GuV sowie die Bilanz.

Lösung 32

- Beim Dialogbuchen rechnet das Programm sofort alle Salden aus. Haben Sie einen Fehler gemacht, müssen Sie die Buchung stornieren und neu eingeben. Ihre Änderung bleibt sichtbar.
- Beim Stapelbuchen haben Sie jederzeit die Möglichkeit, eine Buchung zu ändern oder zu löschen. Die Änderung ist später nicht sichtbar. Durch Ausbuchen mit dem Befehl „Stapel ausbuchen" wird die Stapelbuchung zur Dialogbuchung. Stapelbuchen ermöglicht, Eingabefehler zu erkennen und zu beseitigen.

Praxistipp

Solange der Stapel nicht ausgebucht ist, sehen Sie die Buchungen am Bildschirm nicht. Außerdem funktioniert die OP-Verwaltung nicht. Stapelbuchungen sehen Sie nur unter „Berichte", wenn Sie „Alle Buchungen" oder „Stapelbuchungen" auswählen.

Wie haben sich die Geschäfte entwickelt?

Veränderungen erkennen bzw. interpretieren (B)

Übung 33
6 min

Vergleichen Sie die nachstehende Eröffnungsbilanz mit der Schlussbilanz und notieren Sie, was sich verändert hat. Was fehlt für die genauere Interpretation?

AKTIVA	Eröffnungsbilanz		PASSIVA
Pkw	20.000	Eigenkapital	18.000
Warenbestand	14.000	=Saldo (Vermögen-FK)	
Bank	6.000	Verbindlichkeiten	22.000
	40.000		40.000

AKTIVA	Schlussbilanz		PASSIVA
Pkw	15.000	Eigenkapital	11.000
Warenbestand	14.000		
Bank	4.000	Verbindlichkeiten	22.000
Summe	33.000	Summe	33.000

Lösung 33

- Das Anlagevermögen (Pkw) hat durch Abschreibung oder Verkauf an Wert verloren.
- Von der Bank wurde etwas bezahlt.
- Das Eigenkapital ist durch Verlust oder Privatentnahmen gesunken.
- Eine genaue Interpretation des Ergebnisses ist nur möglich, wenn Ihnen auch die Gewinn- und Verlustrechnung vorliegt:

S	G+V		H
Aufwand		Erträge	
Mieten	2.000	Verlust	7.000
Abschr.	5.000		
	7.000		7.000

Aktiv- und Passivtausch bzw. Aktiv-Passivmehrung und -minderung (B)

Übung 34
8 min

a) Was ist ein Aktivtausch? Ein Aktivtausch liegt vor, wenn

- Sie Waren bar kaufen. ☐
- Ihr Kunde eine Rechnung per Bank bezahlt. ☐
- Sie eine Rechnung per Banküberweisung bezahlen. ☐

b) Nennen Sie ein Beispiel für einen Passivtausch.

c) Nennen Sie ein Beispiel für eine Aktiv-Passivmehrung.

d) Bilden Sie einen Buchungssatz für einen Fall der Aktiv-Passivminderung.

Lösungstipps

- Beim Aktivtausch findet ein Wechsel auf der Aktiva statt, es werden nur Aktivkonten angesprochen.
- Beim Passivtausch werden zwei Passivkonten angesprochen, es findet ein Wechsel auf der Passiva statt.
- Bei Aktiv-Passivmehrung erhöht sich der Wert von jeweils einem Aktiv- und einem Passivkonto.
- Bei Aktiv-Passivminderung vermindert sich der Wert von jeweils einem Aktiv- und einem Passivkonto.

Lösung 34

a) Ein Aktivtausch liegt vor, wenn ...

- Sie Waren bar kaufen. ☑
- Ihr Kunde eine Rechnung per Bank bezahlt. ☑
- Sie eine Rechnung per Banküberweisung bezahlen. ☐

b) Sie nehmen ein Darlehen auf, um die Lieferantenverbindlichkeiten zu begleichen.
Buchungssatz: Verbindlichkeit an Darlehen

c) Sie erhöhen Ihr Darlehen und lassen sich das Geld aufs Girokonto ausbezahlen.
Buchungssatz: Bank an Darlehen.

d) Sie bezahlen eine Lieferantenrechnung vom Girokonto.
Buchungssatz: Verbindlichkeiten an Bank

T-Konten interpretieren

Übung 35
8 min

In die nachfolgenden T-Konten wurden vier Geschäftsvorfälle gebucht. Erstellen Sie die vier Buchungssätze und interpretieren Sie diese.

S	Grundstück		H
AB	0	Abgänge	
Zugänge		SB	100.000
1.	100.000		
	100.000		100.000

S	Forderungen		H
AB	5.950	Abgänge	
		3.	5.950
Zugänge		SB	17.850
2.	17.850		
	23.800		23.800

S	Bank		H
AB	12.000	Abgänge	
		4.	11.900
Zugänge		SB	6.050
3.	5.950		
	17.950		17.950

S	Verbindlichkeiten		H
Abgänge		AB	11.900
4.	11.900		
SB	100.000	Zugänge	
		1.	100.000
	111.900		111.900

S	Umsatzsteuer 19%		H
Abgänge		AB	950
SB	3.800	Zugänge	
		2. USt.	2.850
	3.800		3.800

S	Erlöse		H
G+V	15.000	Erträge	
		2. netto	15.000
	15.000		15.000

Lösung 35

Die Buchungssätze lauten:

1. Grundstück	100.000 €	an	Verbindlichkeiten	100.000 €

Es wurde ein Grundstück für 100.000 € gekauft.

2. Forderungen	17.850 €	an	Erlöse	15.000 €
			Umsatzsteuer 19 %	2.850 €

Es wurde ein Umsatz von 17.850 € inkl. 19 % USt. berechnet.

3. Bank	5.950 €	an	Forderungen	5.950 €

Ein Kunde bezahlt seine Rechnung per Bank.

4. Verbindlichkeiten	11.900 €	an	Bank	11.900 €

Eine offene Rechnung wurde per Bank bezahlt.

Praxistipp

Differenzen suchen gehört zu den Routinearbeiten in einem Buchführungsbüro. Durch die Mengen von Rechnungen und Kontoauszügen, die Sie täglich buchen, passiert es schon mal, dass Sie die falsche Kontonummer wählen oder sich ein Zahlendreher einschleicht. In diesem Fall müssen Sie sich Ihre Buchungssätze alle noch einmal genau ansehen. Je mehr Übung Sie im Interpretieren Ihrer Buchungen haben, desto schneller finden Sie Ihre Fehler.

Die täglichen Buchungen

In diesem Kapitel üben Sie das Buchen in Ihrer täglichen Praxis:

- Sie lernen, mit den verschiedensten Geschäftsvorfällen umzugehen, und
- Sie buchen Debitoren und Kreditoren.

Darum geht es in der Praxis

Das ist der Alltag in einem Buchführungsbüro: Sie müssen ständig Rechnungen und Belege verarbeiten, es werden Material und Waren eingekauft, die Kunden erhalten Rechnungen, täglich kommen Kontoauszüge und Ihr Chef bzw. die Mitarbeiter bringen Ihnen Barbelege, die Sie aus der Kasse bezahlen müssen.

Es ist Ihre Aufgabe zu prüfen, ob die Rechnungen richtig ausgestellt sind. Anhand der Artikelbezeichnung müssen Sie erkennen, auf welches Konto Sie buchen. Dabei ist der Kontakt zur Produktion, zum Vertrieb und anderen Abteilungen sehr wichtig. Ein einfaches Beispiel: Sie erhalten eine Rechnung über ein Produkt mit der Bezeichnung „Print 2203" – ist das ein Drucker, eine Druckerpatrone oder die Kopie eines Plans? Nur wenn Sie nachfragen, können Sie das richtige Buchführungskonto finden.

Möchte der Vertrieb am Jahresende wissen, wie viel Umsatz jeder Kunde gemacht hat, empfiehlt es sich, mit Debitorenkonten zu arbeiten. In der Buchführung erfassen Sie alle wertmäßigen Bewegungen des Unternehmens. Sie müssen einerseits für das Finanzamt ein Ergebnis liefern, andererseits können Sie Ihre Buchführung so aufbauen und Ihre Auswertungen so gestalten, dass Controller, Abteilungsleiter und andere Mitarbeiter von den Zahlen profitieren.

Das folgende Training zu Buchungssätzen, Geschäftsvorfällen und den Umgang mit Debitoren und Kreditoren bereitet Sie darauf vor!

Debitoren und Kreditoren buchen

Debitoren und Kreditoren nutzen (B)

Übung 36

6 min

- In welchem Fall sollten Sie Debitoren- und Kreditorenkonten nutzen?
- Sie könnten auch mehrere Forderungskonten anlegen und individuell beschriften. Welche Auswirkungen hätte das auf Ihre Bilanz?

Debitoren und Kreditoren im Programm einrichten (B)

Übung 37

8 min

- Legen Sie für folgende Kunden und Lieferanten jeweils ein Konto in der Musterfirma im Lexware buchhalter an:

  Kunde Müller Nr. 20600 Lieferant Dahmen Nr. 70200
  Kunde Schulz Nr. 20900 Lieferant Schreiber Nr. 70900
- Auf welchen Sammelkonten werden die Summen von Debitoren und Kreditoren im Programm erfasst? Nennen Sie die Kontonummern.

Lösungstipp

Unter www.lexware.de/support zeigt das Video „Die Einführung in die Offene Posten Buchhaltung“ die Vorgehensweise.

Lösung 36

- Wenn Sie viele Rechnungen an Ihre Kunden schreiben oder viele Rechnungen von Ihren Lieferanten erhalten, wird damit der Bereich Forderungen bzw. Verbindlichkeiten übersichtlicher.
- Die Variante, mehrere Forderungskonten anzulegen, würde die Bilanz zu sehr aufblähen.

Praxistipp

Debitoren- und Kreditorenkonten sind Unterkonten von Forderungen und Verbindlichkeiten. Diese Unterkonten werden jeweils über ein Sammelkonto abgeschlossen. In der Bilanz stehen dadurch nur die Summen. Das spart Platz.

Lösung 37

- Sammelkonto Debitoren SKR03-1400 und SKR04-1200
- Sammelkonto Kreditoren SKR03-1600 und SKR04-3300

Praxistipps

- Sie sehen, wie viel Umsatz welcher Kunde bei Ihnen macht und wie viel Sie bei welchem Lieferanten einkaufen.
- Sie können Ihre offenen Posten besser überblicken und die Abstimmung von Forderungen und Verbindlichkeiten am Jahresende ist einfacher und übersichtlicher.
- Buchen Sie die Zahlung, zeigt Ihnen die OP-Verwaltung des Programms automatisch die offenen Rechnungen.

Buchen mit Umsatzsteuer und Vorsteuer

Mit Umsatzsteuer und Vorsteuer umgehen

Übung 38
6 min

Angenommen, Ihre Umsätze sind umsatzsteuerpflichtig. Die eingenommene Umsatzsteuer müssen Sie in regelmäßigen Abständen an das Finanzamt abführen. Im Gegenzug erhalten Sie die in Lieferantenrechnungen enthaltene Vorsteuer wieder vom Finanzamt zurück.

- Warum wird in der Fachsprache zwischen Umsatzsteuer und Vorsteuer unterschieden?
- Was stellt die Umsatzsteuer in Ihrem Unternehmen dar?
- Wer zahlt nun die Umsatzsteuer?

Lösung 38

- Das Umsatzsteuergesetz ist beim Einkauf (Vorsteuerabzug) strenger als beim Verkauf. Außerdem gilt nur für die Umsatzsteuer Ist- oder Sollversteuerung.
- Die Umsatzsteuer ist für Ihr Unternehmen ein „durchlaufender Posten". Sie kassieren vom Kunden für den Staat.
- Umsatzsteuer zahlen nur Privatpersonen sowie Unternehmen, deren Umsätze nicht umsatzsteuerpflichtig sind, denn sie erhalten keine Vorsteuer zurück.

Praxistipps

- Die Vorsteuer erhalten Sie nur dann wieder, wenn der Beleg vorliegt und richtig ausgestellt ist. Außerdem muss die Lieferung/Leistung erbracht oder die Zahlung erfolgt sein.
- Beinhaltet die Rechnung folgende Daten, wird der Vorsteuerabzug gewährt (§ 14 UStG):
  - Inhalt von Rechnungen bis 150 € inkl. USt:

    Name und Anschrift des Rechnungsausstellers, Datum, Menge, Artikelbezeichnung, Preis der Waren bzw. Dienstleistungen, Umsatzsteuersatz 7 % oder 19 %.
  - Inhalt von Rechnungen über 150 € inkl. USt:

    Name und Anschrift des Rechnungsausstellers und -empfängers, Datum, Menge, Artikelbezeichnung, detaillierte Leistungsbeschreibung, Lieferzeitpunkt der Waren bzw. Leistungszeitpunkt der Dienstleistungen, Nettopreis und Umsatzsteuerbetrag, Ihre Steuernummer oder Umsatzsteuer-Identifikationsnummer sowie eine fortlaufende Rechnungsnummer.

- Wann müssen Sie die Umsatzsteuer abführen? Wenn der Auftrag abgeschlossen ist oder wenn Sie das Geld erhalten haben? Normalerweise, sobald der Auftrag abgeschlossen ist, man spricht hier von Sollversteuerung. Es sei denn, Sie haben die Istversteuerung beantragt, dann müssen Sie die Umsatzsteuer erst abführen, wenn Sie das Geld erhalten haben. Die Istversteuerung kann beantragt werden (mehr dazu siehe Übung 45).

> Umsatzsteuer und Vorsteuer müssen immer auf gesonderten Konten erfasst werden.

Die Anschaffung einer Maschine buchen

Übung 39
15 min

Sie haben von Ihrem Lieferanten Schreiber eine neue Maschine im Wert von 23.800 € inkl. 19 % Umsatzsteuer gekauft. Die Rechnung liegt Ihnen vor.

- Bilden Sie den Buchungssatz.
- Buchen Sie den Vorgang auf T-Konten.

S	Maschinen	H
AB	0	Abgänge
Zugänge		SB

S	Vorsteuer	H
AB	0	Abgänge
Zugänge		SB

S	Kreditor Schreiber	H
Abgänge	AB	22.000
SB	Zugänge	

- Vervollständigen Sie den Buchungssatz. Die Kontonummern finden Sie im Kontenplan des Programms.

Soll	Nr.	Haben	Nr.	Steuer	Betrag
Maschinen		Kreditor Schreiber			

- (B) Buchen Sie die Anschaffung der Maschine im Programm. Öffnen Sie wieder die Musterfirma und buchen Sie unter *Buchen/Stapelbuchen.* Ist die Buchung richtig, können Sie den Stapel ausbuchen.

Praxistipps

- Bei Anschaffung von Anlagevermögen müssen Sie auch alle Anschaffungsnebenkosten (Lieferung, Installation, Zulassung, Rabatte) auf das Anlagekonto buchen. Der Gesamtbetrag wird in Form der Abschreibung auf mehrere Jahre verteilt.
- Buchführungsprogramme rechnen für Sie meist automatisch die Vor- und Umsatzsteuer aus den Bruttobeträgen heraus und buchen sie auf gesonderte Konten. Sie müssen nur festlegen bzw. kontrollieren, welcher Steuersatz gilt.
- Sie haben aber auch die Möglichkeit, die Nettobeträge einzugeben, und das Programm rechnet die Steuer dazu (ideal für Großmarktrechnungen). Das können Sie neben dem Buchungsbetrag einstellen: „B" für Brutto- und „N" für Nettobuchung.
- Bei DATEV gibt es einige Automatikkonten, bei den anderen Konten müssen Sie vor der Kontonummer einen Steuerschlüssel eingeben, erst dann wird für Sie gerechnet und gebucht.
- Der Lexware buchhalter hat in der Buchungsmaske ein Feld „Steuer". In der Regel schlägt er Ihnen den richtigen Steuersatz vor, trotzdem sollten Sie ihn immer kontrollieren. Achten Sie vor allem auf Umsatzsteuer (USt) und Vorsteuer (VSt).

Lösung 39

- Der Buchungssatz lautet:

Maschinen	20.000		
Vorsteuer	3.800	an Kreditor Schreiber	23.800

- So buchen Sie auf T-Konten:

S	Maschinen		H
AB	0		
Zugänge		Abgänge	
XP10	20.000	SB	20.000
	20.000		20.000

S	Vorsteuer		H
AB	0		
Zugänge		Abgänge	
XP10	3.800	SB	3.800
	3.800		3.800

S	Kreditor Schreiber		H
		AB	22.000
Abgänge		Zugänge	
SB	45.800	XP10	23.800
	45.800		45.800

- Der Buchungssatz für das Buchführungsprogramm lautet:

Soll	Nr.	Haben	Nr.	Steuer	Betrag
Maschinen	0210	Kreditor Schreiber	70900	VSt. 19 %	23.800

Erträge buchen (B)

Übung 40
15 min

Sie haben Ihrem Kunden Müller eine Rechnung über 35.700 € inkl. 19 % USt. geschrieben.

- Bilden Sie den Buchungssatz.
- Buchen Sie den Vorgang auf T-Konten.

S	Debitor Müller	H
AB	0	
Zugänge		Abgänge
		SB

S	Umsatzsteuer	H
	AB	0
Abgänge	Zugänge	
SB		

S	Erlöse	H
	Erlöse	

- Vervollständigen Sie den Buchungssatz. Die Kontonummern finden Sie im Kontenplan des Programms.

Soll	Nr.	Haben	Nr.	Steuer	Betrag
Debitor Müller		Erlöse 19 %			

- Buchen Sie im Programm. Öffnen Sie wieder die Musterfirma und buchen Sie unter *Buchen/Dialogbuchen.*

Lösung 40

- Der Buchungssatz lautet:

Debitor Müller	35.700 € an	Erlöse	30.000 €
		Umsatzsteuer	5.700 €

- So buchen Sie auf T-Konten:

S	Debitor Müller		H
AB	0		
Zugänge		Abgänge	
Kunde A 35.700		SB	35.700
	35.700		35.700

S	Umsatzsteuer		H
		AB	0
Abgänge		Zugänge	
SB	5.700	Kunde A	5.700
	5.700		5.700

S	Erlöse		H
G+V	30.000	Kunde A	30.000
	30.000		30.000

- Der vollständige Buchungssatz im Programm lautet:

Soll	Nr.	Haben	Nr.	Steuer	Betrag
Debitor Müller	20600	Erlöse 19 %	4400	USt. 19 %	35.700

Umsatz- und Vorsteuer mit dem Finanzamt abrechnen

Übung 41
5 min

Grundsätzlich sind Unternehmer dazu verpflichtet, binnen zehn Tagen nach Ablauf des Umsatzsteuer-Voranmeldezeitraums (Monat, Quartal, Jahr) Umsatzsteuer und Vorsteuer mit dem Finanzamt abzurechnen. Bitte ergänzen Sie:

- Wie heißen die Abrechnungsformulare, mit denen Unternehmer Umsatz- und Vorsteuer mit dem Finanzamt abrechnen?
- Wodurch bestimmt sich der Voranmeldezeitraum?

Umsatzsteuer-Voranmeldung aufgrund von T-Konten

Übung 42
5 min

Ermitteln Sie bitte die Umsatzsteuerzahllast aus den Übungen 39 und 40.

1. Anschaffung Maschine: 23.800 €
2. Erlös: 35.700 €

Lösung 41

- Umsatzsteuer-Voranmeldung für monatliche und vierteljährliche Abrechnung. Umsatzsteuererklärung für jährliche Abrechnung.
- Voranmeldezeitraum

Zeitraum	Bedingung
Monat	jährliche Umsatzsteuerzahllast über 7.500 €
Quartal	jährliche Umsatzsteuerzahllast über 1.000 €
Jahr	jährliche Umsatzsteuerzahllast bis 1.000 €

Praxistipps

- Für die Übermittlung der Umsatzsteuer-Voranmeldung können Sie eine Fristverlängerung beim Finanzamt beantragen, die einen Monat beträgt, d. h. zehn Tage nach Ablauf des Folgemonats (Antrag auf Dauerfristverlängerung).
- Übermittlung monatlich: Hier müssen Sie eine Sondervorauszahlung leisten (1/11 des Umsatzsteuerbetrags vom Vorjahr). Diese wird dann mit der Dezember-Anmeldung wieder verrechnet.
- Übermittlung vierteljährlich: Schriftliche Anfrage auf Formular ohne Sondervorauszahlung

Lösung 42

Die Umsatzsteuerzahllast beträgt:

Umsatzsteuer 19 %	+	5.700 €
Vorsteuer 7 % und 19 %	–	3.800 €
Umsatzsteuerzahllast	=	1.900 €

Umsatzsteuer-Voranmeldung im Programm (B)

Übung 43
2 min

Sie haben die beiden Geschäftsvorfälle der vorherigen Übung bereits im Programm in der Musterfirma gebucht. Wie erhalten Sie Ihre Umsatzsteuer-Voranmeldung, die Sie via ELSTER an das Finanzamt übermitteln müssen?

Praxistipp

Unter www.lexware.de/support zeigt das Video „ELSTER in Lexware buchhalter plus" den Vorgang.

Umsatzsteuer-Voranmeldung ohne Programm (EÜ)

Übung 44
8 min

Erstellen Sie die Buchungssätze für folgende Positionen des folgenden Kontoauszugs:

Anfangsbestand Bank (gebucht Übung 27)	2.500 €
Anschaffung Maschine	– 23.800 €
Kundeneingang	+ 17.850 €
Saldo Bankkonto	– 3.450 €

Ihr Kontenrahmen bietet Ihnen folgende Konten:
Maschinen (VSt. 19 %) 0210, Bank 1200,
Erlöse (USt. 19 %) 8400

Lösung 43

Sie können sich die Umsatzsteuer-Voranmeldung unter *Berichte/Auswertung/Umsatzsteuer* für den gewünschten Zeitraum ausdrucken bzw. ansehen. Sie ist schon fertig!

Umsatzsteuer 19 %	+	2.850 €
Vorsteuer 19 %	–	3.800 €
Umsatzsteuererstattung	=	– 950 €

Praxistipp

Sie haben sich mithilfe des Feldes „Einnahme/Ausgabe" automatisch Buchungssätze erstellen lassen. Sehen Sie unter *Berichte/Buchungsstapel* (bei Stapelbuchen) oder *Journal* (bei Dialogbuchen) nach, ob das Programm richtig gebucht hat.

Lösung 44

- So müssen Sie buchen:

Soll	Nr.	Haben	Nr.	Steuer	Betrag
Maschine	0210	Bank	1200	VSt. 19 %	23.800
Bank	1200	Erlöse 19 %	8400	USt. 19 %	17.850

- Die Umsatzsteuer-Voranmeldung weist eine Erstattung von 950 € aus, 3.800 € – 2.850 €

Soll- oder Istversteuerung

Übung 45
6 min

Ein Auftrag ist abgeschlossen und Sie haben Ihrem Kunden eine Rechnung über 11.900 € inkl. USt. 19 % ausgestellt. Das Geld ist noch nicht bei Ihnen eingegangen.

- Wie sieht Ihre Umsatzsteuer-Voranmeldung aus, wenn Sie zur Sollversteuerung verpflichtet sind?
- Wie sieht Ihre Umsatzsteuer-Voranmeldung im gleichen Fall aus, wenn Sie Istversteuerung beantragt haben?

Lösungstipps

- Sollversteuerung = nach vereinbarten Entgelten bei einem Vorjahresumsatz über 500.000 €.
- Istversteuerung = nach vereinnahmten Entgelten bei einem Vorjahresumsatz nicht über 500.000 € (muss beantragt werden). Freiberufler, die eine Einnahmen-Überschussrechnung erstellen, können die Istversteuerung unabhängig von der Höhe des Umsatzes beantragen.

Gewinnermittlungsart und Umsatzsteuer

Übung 46
8 min

- Welche Gewinnermittlungsart ähnelt der Sollversteuerung?
- Welche Gewinnermittlungsart ähnelt der Istversteuerung?
- Welche Gruppen liegen genau dazwischen?

Lösungstipps

- Die Bilanz mit Gewinn- und Verlustrechnung erfasst alle Einnahmen und Ausgaben, die wirtschaftlich in das Jahr gehören, egal wann sie gezahlt werden.
- Die Einnahme-Überschussrechnung erfasst alle Einnahmen und Ausgaben erst dann, wenn sie tatsächlich geflossen sind.

Lösung 45

- Sollversteuerung

Umsatzsteuer 19%	1.900 €
Umsatzsteuerzahllast	1.900 €

Obwohl das Geld noch nicht bei Ihnen eingegangen ist, müssen Sie die Umsatzsteuer bereits abführen.

- Istversteuerung

Umsatzsteuer 19%	0 €
Umsatzsteuerzahllast	0 €

Erst wenn Sie das Geld tatsächlich erhalten haben, müssen Sie die Umsatzsteuer an das Finanzamt abführen.

Lösung 46

- Sollversteuerung: Bilanz mit G+V
  Ist der Auftrag abgeschlossen, buchen Sie den Umsatz und gleichzeitig wird die Umsatzsteuer herausgerechnet und abgeführt.

- Istversteuerung: Einnahme-Überschussrechnung
  Geht der Umsatz ein, wird er auf Erlöse gebucht und gleichzeitig die Umsatzsteuer herausgerechnet und abgeführt.
- Folgende Gruppen liegen bisher genau dazwischen:
  - Sie machen eine Einnahme-Überschussrechnung und hatten im Vorjahr mehr Umsatz als 500.000 € oder Sie haben die Istversteuerung nicht beantragt. Sie versteuern nur Ihren realisierten Gewinn, führen aber die Umsatzsteuer für alle abgeschlossenen Aufträge ab.
  - Sie müssen bilanzieren, hatten im Vorjahr weniger Umsatz als 500.000 €. Sie versteuern einen Gewinn, der alle Einnahmen und Ausgaben beinhaltet, auch die, die sie noch nicht erhalten haben. Die Umsatzsteuer müssen Sie erst abführen, wenn Sie das Geld erhalten haben.

Praxistipps

- Der Idealfall liegt vor, wenn Umsatz- und Einkommensteuergesetz das Gleiche von Ihnen verlangen. In den anderen Fällen bedarf es einiger Nebenrechnungen.
- Bei der Einnahme-Überschussrechnung werden nur tatsächlich gezahlte Ausgaben erfasst. In der Umsatzsteuer-Voranmeldung ist die Vorsteuer aus allen Rechnungen, für die der Vorsteuerabzug möglich ist, zu erfassen.
- Soll- und Istversteuerung gibt es bei der Vorsteuer nicht. Der Vorsteuerabzug ist vorzunehmen, wenn die einwandfreie Rechnung vorliegt und die Lieferung bzw. Leistung erbracht oder die Zahlung erfolgt ist.

Buchen verschiedener Geschäftsvorfälle

Über das Zwischenkonto „Geldtransit" buchen

Übung 47
6 min

Sie brauchen Kassengeld und heben 1.000 € von der Bank ab. Bitte ergänzen Sie:

- Wie lautet der übliche Buchungssatz, wenn Sie auf T-Konten buchen?
- Warum ist es sinnvoll, über das Zwischenkonto „Geldtransit" zu buchen?
- Wie sehen in diesem Fall die Buchungssätze aus? Ihr Kontenrahmen bietet Ihnen folgende Konten: Bank 1200, Kasse 1000, Geldtransit 1360.

Lösungstipp

- Arbeiten Sie mit einem Buchführungsprogramm und würden Sie in der Bank den Geldabgang direkt auf das Konto Kasse buchen, würde der Anfangsbestand der Kasse nicht übereinstimmen. Dieser Geldeingang wäre ja schon gebucht.
- Arbeiten Sie mit T-Konten, benötigen Sie kein Zwischenkonto.

Lösung 47

- Der Buchungssatz lautet:

  Kasse 1.000 € an Bank 1.000 €

- Zur besseren Kontrolle empfiehlt es sich, Geldüberträge von Kasse zu Bank oder von Bank A zu Bank B über das Konto „Geldtransit" zu buchen.

- Buchungssätze

Buchungstext	**Betrag**	**Konto Soll**	**Konto Haben**
Abgang Bank	1.000	1360	1200
Eingang Kasse	1.000	1000	1360

Praxistipps

- Sind alle Geldüberträge richtig gebucht, ist der Saldo des Kontos „Geldtransit" null.
- In der Praxis buchen Sie erst die Kontoauszüge und später das Kassenbuch. Vorher und nachher überprüfen Sie jeweils den Banksaldo und den Kassenstand.

Materialeinkauf, Bestand und Aufwand

Übung 48
10 min

Kaufen Sie Material ein, gehört es so lange zu Ihrem Vorratsvermögen, bis Sie es für die Produktion benötigen.

a) Sie haben von Ihrem Lieferanten Dahmen Material in Höhe von 11.900 € gekauft.

b) Ihnen liegt ein Materialentnahmeschein vor: 100 Stück von Material A wurden für die Produktion entnommen. Die durchschnittlichen Anschaffungskosten betragen 22 € pro Stück.

- Erstellen Sie die Buchungssätze. Ihr Kontenplan: Materialbestand, Vorsteuer, Materialverbrauch, Kreditor Dahmen.
- In welchem Fall wird das Konto „Bestandsveränderungen" angesprochen?

Lösungstipps

- Variante 1: Sie buchen den Einkauf von Material auf das Bestandskonto und erst bei Materialverbrauch in den Aufwand (Umsatzkostenverfahren).
- Variante 2: Sie buchen den Einkauf von Material direkt in den Aufwand und machen mindestens einmal im Jahr (spätestens am 31.12.) einen Bestandsvergleich. Vergleichen Sie Anfangs- und Schlussbestand laut Inventur und buchen Sie die Differenz um (Gesamtkostenverfahren)

Lösung 48

- Die Buchungssätze lauten:

a)	Materialbestand	10.000	an	Kreditor Dahmen	11.900
	Vorsteuer	1.900			
b)	Aufwand Material	2.200	an	Materialbestand	2.200

- Wenden Sie die zweite Variante an, buchen Sie die Differenz auf das Konto „Bestandsveränderungen". Mehr dazu ab Seite 224.

Praxistipp

Wenden Sie die zweite Variante an, kann das zu großen Gewinnveränderungen führen. Machen Sie unbedingt öfter Inventur.

Warenein- und -verkauf (B)

Übung 49
10 min

a) Sie haben bei Ihrem Lieferanten Dahmen Waren im Wert von 35.700 € inkl. 19 % USt. eingekauft.

b) Sie haben die Waren bearbeitet und für 47.600 € inkl. 19 % USt. an Ihrem Kunden Schulz verkauft.

c) Buchen Sie auch den Warenabgang zum Einkaufspreis von 20.000 €.

Erstellen Sie bitte die Buchungssätze.

Ihr Kontenplan: Warenbestand, Vorsteuer, Warenverbrauch, Erlöse, Umsatzsteuer, Kreditor Dahmen, Debitor Schulz

Lösung 49

- Die Buchungssätze lauten:

a)	Warenbestand	30.000	an Kreditor Dahmen	35.700
	Vorsteuer	5.700		
b)	Debitor Schulz	47.600	an Erlöse 19 %	40.000
			Umsatzsteuer 19 %	7.600
c)	Warenverbrauch		an Warenbestand	20.000

Praxistipps

- Denken Sie daran, dass auch alle Anschaffungsnebenkosten wie Lieferung oder Rabatte zu den Anschaffungskosten von Material und Waren gehören. Wie Sie diese Nebenkosten buchen, bleibt Ihnen überlassen.
- Sie können zum Beispiel alle Kosten auf das Konto „Material" oder auf die speziell dafür eingerichtete Unterkonten „Bezugskosten" sowie „erhaltene Rabatte" buchen. Die Differenzierung ist sinnvoll für Ihre eigene Kalkulation. Am Jahresende müssen Sie die Ergebnisse dieser Unterkonten auf das Konto „Material" umbuchen.
- Kaufen Sie Waren ein, gehören diese so lange zu Ihrem Vorratsvermögen, bis Sie die Waren verkauft haben. Findet der Verkauf statt, werden in der Gewinn- und Verlustrechnung unter „Aufwand" der Einkaufspreis und unter „Ertrag" der Verkaufspreis erfasst.

Lohn für Mitarbeiter buchen

Übung 50

10 min

Die Lohnabrechnungen für Ihre Mitarbeiter sind erstellt. Der Auszahlungsbetrag beträgt 2.133 €. Die Summe der Lohnsteueranmeldung beträgt 682 €. Die Summe der Beitragsnachweise für die Sozialversicherungen beträgt 1.370 €.

- Wann müssen Sie den Lohn buchen? (B)
- Erstellen Sie die Buchungssätze. (B)
- Was gilt, wenn Sie nicht bilanzieren müssen, sondern nur eine Einnahme-Überschussrechnung erstellen? (EÜ)

Lösungstipp

Für Verbindlichkeiten aus Lohn und Lohnnebenkosten gibt es spezielle Konten. Suchen Sie sie im Kontenplan.

Lösung 50

- Bilanzieren Sie, müssen Sie die Löhne und Gehälter immer im gleichen Monat buchen. Die Löhne für den Mai gehören wirtschaftlich in den Mai.
- Die Buchungssätze am Letzten des Monats lauten:

Löhne	4.185 €	an	Verbindlichkeit Löhne	2.133 €
			Verbindlichkeit Lohnsteuer	682 €
			Verbindlichkeit Sozialvers.	1.370 €

- Die Buchungssätze bei der Zahlung lauten:

Verbindlichkeit Löhne	an	Bank	2.133 €
Verbindlichkeit Lohnsteuer	an	Bank	682 €
Verbindlichkeit Sozialvers.	an	Bank	1.370 €

- Bei der Einnahme-Überschussrechnung müssen Sie den Lohn erst bei Zahlung buchen. Das Gleiche gilt für die Lohnnebenkosten, die Sie erst am 10. des Folgemonats bezahlen. Forderungen und Verbindlichkeiten gibt es nicht. Sie buchen direkt in die Kosten.

Praxistipp

Die meisten Lohnprogramme liefern Ihnen zusätzlich eine Liste mit allen Buchungssätzen.

Die Übungen 48 bis 50 im Programm buchen

Übung 51

15 min

- Öffnen Sie die Musterfirma. (B) Vervollständigen Sie die Buchungssätze und buchen Sie sie unter *Stapelbuchen.* Sind alle Eingaben richtig, buchen Sie bitte den Stapel aus, damit die OP-Verwaltung funktioniert. (B)

Soll	Nr.	Haben	Nr.	Steuer	Betrag
Rohstoffe VSt. 19 %		Kreditor Dahmen		extra	10.000 1.900
Aufwand Material		Materialbestand		keine	2.200
Warenbest. VSt. 19 %		Kreditor Dahmen		extra	30.000 5.700
Warenver-brauch		Warenbestand		keine	20.000
Debitor Schulz		Erlöse 19 %		USt. 9 %	47.600
Löhne		Verbindl. Lohn		keine	2.133
Löhne		Verbindl. Lohnst.		keine	682
Löhne		Verbindl. Soz.vers.		keine	1.370

- Buchen Sie auch Ihre Kontoauszüge. Nutzen Sie hierfür unter *Buchen/Einnahme Ausgaben/Bank* die spezielle Buchungsmaske für Finanzkonten. (B)

Bezeichnung Kontoauszug	**Betrag**	**Konto**	**Einn. Ausg.**
Saldo	+ 4.000	gebucht	
Eingang RG Schulz OP	+ 47.600		
Zahlung RG Schreiber OP	- 23.800		
Auszahlung Löhne	- 2.133		
Zahlung RG Dahmen OP	- 11.900		
Saldo Bank	13.661	Kontrolle	

Sie benötigen folgende Konten des SKR 03: 1576, 1740, 1741, 1742, 3000, 3400, 3970, 4110, 7140, 8400, 20900, 70200, 70900; die Bezeichnung finden Sie in der Kontenübersicht im Programm und im Buch.

- Probieren Sie die OP-Verwaltung im Programm aus, indem Sie das OP-Fenster öffnen, wenn Sie Debitoren oder Kreditoren ansprechen. (B)
- Wie wäre folgender Kontoauszug für die Einnahmen-Überschussrechnung zu buchen?

Ihr Kontostand beträgt (Vergleich)	– 3.300 €
Zahlung Lieferantenrechnung für Waren	– 11.900 €
Geldeingang vom Kunden	+ 23.800 €
Ihr Kontostand beträgt jetzt	+ 8.600 €

Notieren Sie die Kontonummer neben der Zahlung und dem Geldeingang.

Lösung 51

- Die vollständigen Buchungssätze lauten:

Soll	Nr.	Haben	Nr.	Steuer	Betrag
Rohstoffe	3970	Kreditor Dahmen	70200	extra	10.000
VSt. 19 %	1576		70200		1.900
Aufwand Material	3000	Materialbestand	3970	keine	2.200
Warenbest.	7140	Kreditor Dahmen	70200	extra	30.000
VSt. 19 %	1576		70200		5.700
Warenverbrauch	3400	Warenbestand	7140	keine	20.000
Debitor Schulz	20900	Erlöse 19 %	8400	USt. 19 %	47.600
Löhne	4110	Verbindl. Lohn	1740	keine	2.133
Löhne	4110	Verbindl. Lohnst.	1741	keine	682
Löhne	4110	Verbindl. Sozialvers.	1742	keine	1.370

- So werden die Kontoauszüge gebucht:

Bezeichnung	Betrag	Konto	Einn. Ausg.
Kontostand	+ 4.000	gebucht	
Eingang RG Schulz OP	+ 47.600	20900	E
Zahlung RG Schreiber OP	– 23.800	70900	A
Auszahlung Löhne	– 2.133	1740	A
Zahlung RG Dahmen OP	– 11.900	70200	A
Kontostand neu	13.661	Kontrolle	

Stimmt der Saldo mit Ihrem Kontoauszug überein, buchen Sie den Stapel bitte aus. Jetzt können Sie sich unter *Berichte/Auswertungen/Bilanz* Ihr vorläufiges Jahresergebnis ansehen sowie unter *Umsatzsteuer* die Umsatzsteuer-Voranmeldung.

- Einnahme-Überschussrechnung:

Bezeichnung	Betrag	Konto
Zahlung Lieferantenrechnung	– 11.900	3400
Geldeingang Kunde	23.800	8400

Nachträglich erhaltene und gewährte Rabatte (B)

Übung 52
6 min

Die Rechnungen sind bereits gebucht – beim Einkauf wie beim Verkauf. Später erhalten oder gewähren Sie Rabatte wie z. B. Skonto und Bonus.

a) Sie zahlen eine Rechnung über 11.900 € abzüglich 2 % Skonto.

b) Sie zahlen Ihrem Kunden einen Bonus in Höhe von 595 € inkl. 19 % USt.

Bilden Sie die Buchungssätze. Ihr Kontenplan: Forderungen, Vorsteuer, Bank, gewährte Boni, Verbindlichkeiten, Umsatzsteuer, erhaltene Skonti.

Lösung 52

- Die Buchungssätze lauten:

a)	Verbindlichkeiten	11.900 €	an Bank		11.662 €
				erhaltene Skonti	200 €
				Vorsteuer	38 €
b)	Gewährte Boni	500 €	an Bank		595 €
	Umsatzsteuer	95 €			

Praxistipps

- Denken Sie immer daran, sowohl die Umsatz- als auch die Vorsteuer zu korrigieren. In der Regel ist die Rechnung bereits einige Tage vorher gebucht und vielleicht sogar schon abgelegt. Dann erst buchen Sie den Nachlass, Skonto bei der Zahlung und Bonus am Monats- oder Jahresende. Achten Sie darauf, dass Sie den Nachlass zum gleichen Steuersatz (7 %,19 %), wie die ursprüngliche Rechnung buchen.
- Erhaltene Skonti 19 % SKR03-3736, SKR04-5736
  Erhaltene Skonti 7 % SKR03-3731, SKR04-5731
  Gewährte Skonti 19 % SKR03-8736, SKR04-4736

Rechnungskorrektur buchen (B) Übung 53

6 min

Angenommen, Sie haben die Eingangsrechnung über Material in Höhe von 5.950 € gebucht. Einen Tag später erhalten Sie für diese Rechnung eine Rechnungskorrektur (Gutschrift) in gleicher Höhe.

Fall 1: Buchung der Korrekturrechnung
Fall 2: Stornobuchung

S	Material		H
AB	0		
Zugänge	5.000	Abgänge	
Fall 2	– 5.000	Fall 1	5.000

S	Vorsteuer		H
AB	0		
Zugänge	950	Abgänge	
Fall 2	– 950	Fall 1	950

S	Kreditor Schreiber		H
		AB	
Abgänge		Zugänge	5.950
Fall 1	5.950	Fall 2	– 5.950

- Interpretieren Sie die beiden Formen der Korrekturen in Fall 1 und Fall 2.
- Welchen Fall müssen Sie wählen, wenn Sie zur oben genannten Rechnung nur eine Korrekturrechnung über 3.570 € erhalten?

Lösung 53

- Fall 1: Im Rahmen der doppelten Buchführung gibt es keine Minusbuchung. Bei einer Korrekturrechnung wird der Buchungssatz einfach umgedreht.

  Fall 2: Buchführungsprogramme bieten die Möglichkeit, eine Buchung zu stornieren, dann sehen Korrekturen so aus. (Das entspricht trotzdem den GoBD, da die Buchung nicht unleserlich gemacht wird, sondern jeweils mit dem Vorzeichen Plus und Minus stehen bleibt.)
- Stimmen Rechnungsbetrag und Korrekturrechnungsbetrag nicht überein, müssen Sie Letztere auch im Programm wie im Fall 1 richtig buchen.

Praxistipp

Oft gehen Korrekturrechnungen (Gutschriften) ein, wenn die ursprünglichen Rechnungen bereits gezahlt und abgeschlossen sind. In diesem Fall und vor allem, wenn Rechnungs- und Korrekturbetrag nicht übereinstimmen, müssen Sie sich die ursprüngliche Rechnung heraussuchen. Nur so können Sie erkennen, welche Positionen gutgeschrieben wurden. Sie sehen, wie Sie die Rechnung gebucht hatten, und können ganz leicht die Korrekturrechnung buchen.

Privatentnahmen buchen

Übung 54
6 min

- Einzelfirma und Personengesellschaft: Sie als Unternehmer einer Einzelfirma überweisen monatlich 1.000 € vom Geschäftskonto auf Ihr Privatkonto. Bilden Sie den Buchungssatz.
- Kapitalgesellschaft: Sie überweisen monatlich 1.000 € vom Geschäfts- auf Ihr Privatkonto. Wie lautet der Buchungssatz, wenn Sie Gesellschafter einer GmbH sind?

Lösungstipp

Im Kontenplan einer Kapitalgesellschaft gibt es kein Privatkonto. Als Gesellschafter haben Sie nur drei Möglichkeiten, an Ihr Geld zu kommen:

- Geld leihen in Form eines Gesellschafterdarlehens,
- Gehalt bzw. Sachbezüge (Warenentnahme, Pkw-Nutzung, Wohnungsnutzung) beziehen oder
- eine Gewinnausschüttung beschließen.

Lösung 54

- Einzelfirma bzw. Personengesellschaft
  Der Buchungssatz lautet:

Privatentnahme	1.000 €	an Bank	1.000 €

- Kapitalgesellschaft:
  Der Buchungssatz lautet:

Forderungen g. Gesellschafter	1.000 €	an Bank	1.000 €

Praxistipps

- Das Eigenkapital zeigt Ihnen, womit Sie Ihr Vermögen finanzieren: überwiegend mit eigenen Mitteln oder mit Krediten.
- Eigene Mittel sind erwirtschaftete Gewinne, die nicht entnommen wurden, sowie Privateinlagen von Unternehmern bzw. Kapitaleinlage von Gesellschaftern.
  Konten: Gewinnvortrag (SKR03-0860, SKR04-2970), Privateinlage (1890, 2180), Verbindlichkeiten gegen Gesellschafter (0730, 3510), Gezeichnetes Kapital (0800, 2900)
- Das Eigenkapital kann auch negativ sein, durch Verluste oder überhöhte Privatentnahmen.
  Konten: Verlustvortrag (0868, 2978), Privatentnahmen (1800, 2100), Forderungen gegen sonstige Gesellschafter (1508, 1335), Unentgeltliche Wertabgabe (1880, 2130)
  Bei Kapitalgesellschaften muss negatives Kapital gesondert ausgewiesen werden, als „Nicht durch Eigenkapital gedeckter Fehlbetrag".

Entnahme für private Zwecke

Übung 55

6 min

Fall 1: Einzelfirmen und Personengesellschaften

Unentgeltliche Wertabgabe 3.332	an	Entnahme f. priv. Zwecke	2.800
		Umsatzsteuer 19 %	532

Fall 2: Kapitalgesellschaften (GmbH, AG)

Gehälter 3.332	an	Sachbezüge	2.800
		Umsatzsteuer 19 %	532

Interpretieren Sie die beiden Buchungen und erklären Sie kurz den Unterschied.

Lösungstipp

Angenommen Sie sind Unternehmer einer Einzelfirma oder Personengesellschaft oder Gesellschafter-Geschäftsführer einer Kapitalgesellschaft: Alle Produkte und Dienstleistungen, die Sie für private Zwecke nutzen, sind Umsatz für Ihr Unternehmen. In diesem Fall sind Sie Kunde (Warenentnahme, private Telefon- und Kfz-Nutzung). Diesen Umsatz nennt man unentgeltliche Wertabgabe/Entnahme für private Zwecke (Unternehmer Personenfirma) bzw. Sachbezüge (Arbeitnehmer). Und diese sind umsatzsteuerpflichtig, soweit Sie vorher Vorsteuerabzug geltend gemacht haben.

Zu den Arbeitnehmern gehören auch Gesellschafter-Geschäftsführer einer Kapitalgesellschaft, sie erhalten Gehalt und Sachbezüge.

Lösung 55

- Fall 1: Der Nettoumsatz von 2.800 € wird zusammen mit dem Gewinn des Unternehmens versteuert. Die Umsatzsteuer von 532 € muss abgeführt werden. So, als hätten Sie einem Kunden eine Rechnung geschrieben. Einziger Unterschied: Sie zahlen das Geld nicht an die Firma, sondern verrechnen es mit dem Privatkonto.
- Fall 2: Der Nettoumsatz von 2.800 € ist Erlös. Die Umsatzsteuer von 532 € muss abgeführt werden, aber der Bruttobetrag von 3.332 € ist Aufwand für Gehälter. Damit muss das Unternehmen diesen Umsatz nicht versteuern. Sie als Gesellschafter-Geschäftsführer zahlen für den Bruttobetrag jedoch Lohnsteuer. Sachbezüge werden in der Gehaltsabrechnung so versteuert wie das Gehalt.

Das Geschäftsjahr richtig abschließen

Jetzt haben Sie Ihr vorläufiges Jahresergebnis. Das Finanzamt verlangt jedoch noch ein paar Abschlussarbeiten.

In diesem Kapitel lernen Sie, wie Sie

- Vermögen und Schulden bewerten und
- Aufwendungen und Erträge abgrenzen.

Darum geht es in der Praxis

Am Ende des Geschäftsjahres steht der Jahresabschluss an. Da Buchführungs- und Jahresabschlussergebnis weit auseinander liegen können, sollten Sie als Buchhalter mehr über den Jahresabschluss wissen. Nur so werden Sie den Anforderungen gerecht, die an Sie gestellt werden. Die zentrale Frage hierbei lautet: Warum können Buchführungs- und Jahresabschlussergebnis so weit auseinander liegen?

- Die Anschaffungskosten Ihrer eingelagerten Waren liegen am Stichtag unter dem Marktwert. Die Differenz wird abgeschrieben – der Gewinn sinkt.
- Die Abschreibung Ihres Anlagevermögens wird gebucht – der Gewinn sinkt.
- Anschaffungsnebenkosten werden aktiviert – der Gewinn steigt.
- Kosten, die wirtschaftlich in das nächste Jahr gehören, werden abgegrenzt – der Gewinn steigt.
- Steuerrückstellungen werden gebildet – der Gewinn sinkt.
- Die Steuerberaterrechnung wurde als Aufwand gebucht, ohne die Rückstellung aufzulösen – der Gewinn steigt.

Nicht nur am Jahresende, auch im laufenden Jahr können Sie einige dieser Abschlussarbeiten erledigen. Der Vorteil: Der Aufwand für den Abschluss wird geringer und das Jahresergebnis permanent genauer. Und Sie können Ihren Chef jederzeit auf mögliche Veränderungen hinweisen. Mithilfe der folgenden Übungen wird Ihnen dies leicht fallen.

Anlagevermögen bewerten

Abschreibungen buchen

Übung 56

6 min

- Welche Teile des Anlagevermögens werden planmäßig abgeschrieben? Nennen Sie zwei Beispiele.
- In welchem Fall werden Teile des Anlagevermögens außerplanmäßig abgeschrieben?

Lösungstipps

Planmäßige Abschreibungsarten (AK=Anschaffungskosten) für:

- immaterielles Anlagevermögen (Firmenwert, Patente, Software): linear (jährliche AfA = AK : Nutzungsdauer)
- unbewegliche Anlagegüter (Gebäude, sonstige Bauten): linear (Gebäude-AfA ist im EStG § 7 geregelt)
- bewegliche Anlagegüter (Maschinen, Fahrzeuge, Computer, Möbel)
  - linear (Anschaffungskosten verteilt auf die Nutzungsdauer)
  - degressiv (prozentual von den Anschaffungskosten, danach vom Restbuchwert): Seit 2011 nur noch in der Handelsbilanz erlaubt, wenn der tatsächliche Werteverzehr dieser Methode entspricht.
  - nach Leistungseinheiten: AfA pro km bzw. Maschinenstunde = AK : Gesamtleitung

- GWG-Abschreibung – 2 Alternativen

  Sie können zwischen zwei Alternativen wählen. Die Wahl gilt dann für ein Jahr für alle GWG.

  Alternative 1

  - GWG bis 150 €: AK können in voller Höhe als Betriebsausgaben erfasst werden.
  - GWG über 150 bis 1.000 €: Diese werden in einem Sammelposten zusammengefasst und gemeinsam über 5 Jahre linear abgeschrieben. Auch im Jahr der Anschaffung ist 1/5 abzuschreiben.

  Alternative 2

  GWG bis 410 € AK können sofort oder auf die Nutzungsdauer verteilt abgeschrieben werden. Liegen die AK darüber wird ganz normal abgeschrieben, der Sammelposten entfällt.

- Nicht abnutzbare Anlagegüter: Grundstücke, Firmenwert, Finanzanlagen, Beteiligungen
- Abnutzbare Anlagegüter: Gebäude, Maschinen, Pkw, Computer, Büroeinrichtung

Lösung 56

- Nur abnutzbare Anlagegegenstände werden planmäßig abgeschrieben, z. B. Maschinen, Pkw, Computer.
- Alle Anlagegüter, die seit längerer Zeit mit einem höheren Wert als dem tatsächlichen Marktwert in der Bilanz stehen, können außerplanmäßig abgeschrieben werden.

Praxistipps

- Beim Anlagevermögen gilt das gemilderte Niederstwertprinzip. Liegt der Buchwert seit längerer Zeit über dem tatsächlichen Marktwert, müssen Sie den niedrigeren, tatsächlichen Marktwert ansetzen.
- Liegt der tatsächliche Wert wahrscheinlich langfristig unter dem Buchwert, müssen Sie außerplanmäßig abschreiben. Liegt der Wert darüber, ist nichts zu tun, denn die Anschaffungskosten bzw. die fortgeführten Anschaffungskosten (AK – planmäßige Abschreibung) dürfen nicht überschritten werden. In diesem Fall spricht man von stillen Reserven.
- Der Grund: Sie sollen Ihre Kunden, Lieferanten und Banken nicht täuschen. Allerdings dürfen Sie nur abwerten. Die Obergrenze sind die Anschaffungskosten.
- Beim Umlaufvermögen gilt lt. Handelsrecht das strenge Niederstwertprinzip. Liegt der Buchwert nur kurze Zeit über dem tatsächlichen Marktwert, müssen Sie sofort abwerten. Aufwerten dürfen Sie maximal bis zu den Anschaffungskosten. Das Steuerrecht erlaubt die Abwertung bei voraussichtlich dauernder Wertminderung.

Planmäßige Abschreibung von Anlagevermögen buchen

Übung 57 6 min

Sie haben im Januar eine Maschine im Wert von 20.000 € netto gekauft. Die Nutzungsdauer beträgt laut Abschreibungsliste vom Finanzamt acht Jahre. Wählen Sie die lineare Abschreibung. Berechnen Sie die Abschreibung, bilden Sie bitte den Buchungssatz und buchen Sie auf T-Konten.

S	Maschinen	H
AB		

S	Abschreibung Sachanl.	H
Aufwand		

Die richtigen Abschreibungskonten wählen

Übung 58 8 min

Die Kontenrahmen bieten viele verschiedene Abschreibungskonten. Nennen Sie bitte drei davon, jeweils im Kontenrahmen SKR03 und SKR04.

Lösung 57

- Ihr Buchungssatz lautet: Abschreibung an Maschinen
- So sieht Ihre Buchung auf T-Konten aus:

S	Maschinen		H
AB	0	Abgänge	
Zugänge		AfA	2.500
XP10	20.000	SB	17.500
	20.000		20.000

S	Abschreibung Sachanl.		H
Aufwand		G+V	2.500
AfA	2.500		
	2.500		2.500

Praxistipp

Sie müssen außerhalb Ihrer Gewinnermittlung ein Anlageverzeichnis mit folgenden Angaben führen: Anschaffungsdatum, Anschaffungskosten, Nutzungsdauer, Abschreibungsart, Buchwert am 1.1. und 31.12. sowie die jährliche AfA.

Lösung 58

Folgende Abschreibungskonten gibt es:

Bezeichnung	SKR03	SKR04
Planmäßige AfA Sachanlagen	4830	6220
Außerplanmäßige AfA Sachanlagen	4840	6230
Abschreibung GWG bis 1.000 €	4862	6264
Abschreibung GWG bis 410 €	4855	6260
Abschreibung Umlaufvermögen	4880	6270
Abschreibung Finanzanlagen	4870	7200
AfA immaterielles Vermögen (Software)	4822	6200

Umlaufvermögen bewerten

Abweichung beim Warenbestand buchen (B)

Übung 59
6 min

Ihr Warenbestand beträgt 23.000 € laut Inventur am 31.12. In Ihren Buchführungsauswertungen steht er jedoch mit 24.000 €. Sie erklären sich die Differenz durch Preisverfall.

Berechnen Sie die Abschreibung, bilden Sie den Buchungssatz und buchen Sie auf T-Konten.

S	Warenbestand		H
AB	14.000	Abgänge	20.000
Zugänge	30.000		

S	Abschreibung Umlaufv.	H
Aufwand		

Abweichung beim Materialbestand buchen (B)

Übung 60
4 min

Angenommen, Ihr Buchwert des Materialbestands beträgt ursprünglich 7.800 € und jetzt, am 31.12., laut Inventur nur noch 6.000 €.

- Erstellen Sie den Buchungssatz.
- Wie wirkt sich diese Buchung auf Ihren Gewinn aus?

Lösung 59

Abschreibung UV 1.000 €	an	Warenbestand 1.000 €	
SKR03-4880, SKR04-6270		SKR03-7140, SKR04-1140	

S	Warenbestand		H
AB	14.000	Abgänge	20.000
Zugänge	30.000	Inventur	1.000
		SB	23.000
	44.000		44.000

S	Abschreibung UV		H
Aufwand		G+V	1.000
Abschr. UV	1.000		
	1.000		1.000

Bei der Inventur werden alle Waren gezählt. Waren Ihre tatsächlichen Anschaffungskosten höher als der heutige Tageswert, müssen Sie den niedrigeren Wert ausweisen.

Lösung 60

Bestandsveränderung 1.800 €	an	Materialbestand 1.800 €	
SKR03-8980, SKR04-4800		SKR03-3970, SKR04-1000	

Hier handelt es sich um eine Bestandsminderung: Der Aufwand wird erhöht und der Gewinn dadurch gemindert.

Praxistipp

Liegen starke Schwankungen im Materialverbrauch vor, sollten Sie öfter eine Inventur durchführen, sonst sind Ihre Auswertungen im laufenden Jahr nicht realitätsnah.

Schulden bewerten

Abschreibung einzelner Forderungen buchen (B)

Übung 61 8 min

Fall1: Sie vermuten einen Zahlungsausfall wegen eines Rechtsstreits. Ihre Forderung beträgt 11.900 € inkl. 19 % USt. Sie rechnen mit einem Netto-Verlust von 4.000 €.

Fall 2: Sie haben es schriftlich vom Gericht: Ihr Forderungsbetrag von 5.950 € inkl. 19 % USt. fällt zu 100 % aus.

Ist eine Forderung zweifelhaft (Fall 1) oder uneinbringlich (Fall 2), müssen Sie folgendermaßen buchen. Interpretieren Sie diese Buchungen:

S	Forderungen		H
AB	30.000		

S	Zweifelhafte Forderungen		H
AB	5.950	2.	5.950

S	Einzelwertberichtigung (EWB) zu Forderungen		H
AB	0	1.	4.000

S	Umsatzsteuer		H
2.	950	AB	2.400

S	Abschreibung Forderungen		H
2.	5.000		

S	Einstellung in EWB		H
1.	4.000		

Lösungstipp

Im Rahmen des Jahresabschlusses sind Sie dazu verpflichtet, Ihre Forderungen dahingehend zu überprüfen, ob die Zahlungsaußenstände auch der Realität entsprechen. Sind Forderungen zweifelhaft oder sogar uneinbringlich, müssen diese in der Bilanz gesondert dargestellt werden.

Lösung 61

- Fall 1: Ist eine Forderung zweifelhaft, wird sie in voller Höhe auf das Konto „Zweifelhafte Forderungen" umgebucht. Der vermutete Ausfallbetrag in Höhe von 4.000 € wird in der G+V als Aufwand und in der Bilanz auf der Passivseite als Einzelwertberichtigung erfasst. Die Umsatzsteuer wird nicht korrigiert.

Einstellung in EWB	4.000 €	an Einzelwertberichtigung	4.000 €
SKR03-2451, SKR04-6923		an SKR03-0998, SKR04-1246	

- Fall 2: Ist eine Forderung uneinbringlich, wird Sie direkt abgeschrieben. Jetzt erst darf die Umsatzsteuer korrigiert werden, weil Sie es schriftlich bzw. einen Titel haben.

Abschreibung Forderung	5.000 €	an Forderungen oder Zweifelhafte Forderungen	5.950 €
Umsatzsteuer	950 €		
SKR03-4880, SKR04-6270		an SKR03-1460, SKR04-1240	

Praxistipp

Für die übrigen einwandfreien Forderungen können Sie eine Pauschalwertberichtung buchen, ca. ein Prozent der Netto-Forderungssumme. Die Buchung wird erfasst wie die Einzelwertberichtigung: im Aufwand der G+V und auf der Passivseite der Bilanz.

Einstellung in PWB	an Pauschalwertberichtigung
SKR03-2450, SKR04-6920	an SKR03-0996, SKR04-1248

Erhöhung Verbindlichkeiten (B)

Übung 62
4 min

Sie erhalten eine Rechnung über eine Warenlieferung. Diese buchen Sie mit dem Buchungssatz „Waren an Verbindlichkeiten“. Wann kann es geschehen, dass Ihre Verbindlichkeiten höher als der Rechnungsbetrag sein werden?

Einnahmen abgrenzen

Eine passive Rechnungsabgrenzung (PRA) buchen (B)

Übung 63
6 min

- Sie haben eine Wohnung vermietet. Ihr Mieter hat Ihnen im Oktober die Miete für Oktober bis März in Höhe von 6.000 € überwiesen. Wie lautet der Buchungssatz?
- Buchen Sie auf T-Konten.

S	PRA	H
Abgänge	AB	0
SB	Zugänge	

S	Mieterlöse	H
	Erträge	

Lösungstipp

Einnahmen, die nicht in das Abschlussjahr gehören, müssen Sie aus der G+V des Abschlussjahres herausbuchen. Übertragen Sie die Einnahmen auf dem Konto „Passive Rechnungsabgrenzung“ in das nächste Jahr.

Lösung 62

Wenn Sie bei einem Lieferanten im Ausland gekauft haben. Ist der Wechselkurs gestiegen, müssen Sie mehr bezahlen.

Praxistipp

Beim Fremdkapital gilt das Höchstwertprinzip. Im Zweifel müssen Sie immer den höheren Schuldenstand ausweisen. Dies müssen Sie beim Jahresabschluss korrigieren, indem Sie die Differenz genauso buchen wie die ursprüngliche Rechnung „Waren an Verbindlichkeiten". Fällt die Verbindlichkeit wahrscheinlich niedriger aus, dürfen Sie nicht korrigieren.

Lösung 63

- Buchungssatz

Mieterlöse	3.000 €	an	PRA	3.000 €
SKR03- 8100, SKR04-4100		an	SKR03-0990, SKR04-3900	

- So buchen Sie auf T-Konten:

S	PRA		H
Abgänge	0	AB	
SB	3.000	Zugänge	
		31.12.	3.000
	3.000		3.000

S	Mieterlöse		H
Ertragsminderung		Erträge	
31.12.	3.000	Miete	6.000
G+V	3.000		
	6.000		6.000

Praxistipp

Achten Sie darauf, dass Sie das Konto „PRA" gleich nach der Eröffnung der Konten im neuen Jahr auflösen. Das sind schließlich Einnahmen, die wirtschaftlich in das neue Geschäftsjahr gehören. Buchung: „PRA an Mieterlöse".

Sonstige Forderungen buchen (B)

Übung 64
4 min

- Ein anderer Mieter hat Sie angerufen, dass er die Mieten für November, Dezember und Januar leider erst im Februar zahlen könne. Die Miete beträgt 800 € pro Monat. Wie lautet der Buchungssatz?
- Buchen Sie auf T-Konten.

S	Sonstige Forderungen H
AB	Abgang
Zugänge	SB

S	Mieterlöse H
Ertragsminderung	Erträge

Lösungstipp

In manchen Kontenrahmen heißt das Konto „Sonstige Forderungen" auch „Sonstige Vermögensgegenstände".

Lösung 64

- Buchung Miete November und Dezember:

Sonstige Forderungen	1.600 €	an	Mieterlöse	1.600 €
SKR03-1500, SKR04-1300		an	SKR03-8100, SKR04-4100	

- So buchen Sie auf T-Konten:

S	Sonstige Forderungen		H
AB	0		
Zugänge		Abgänge	
Mieter A	1.600	SB	1.600
	1.600		1.600

S	Mieterlöse		H
Ertragsminderung		Erträge	
G+V	1.600	Mieter A	1.600
	1.600		1.600

Praxistipps

- Im neuen Jahr ist das eine typische Fehlerquelle. Normalerweise buchen Sie den Eingang der Miete direkt auf das Konto „Mieterlöse". Achten Sie immer auf die genauen Texte der Kontoauszüge.
- Angenommen, im Februar zahlt Ihr Mieter die Mieten für November bis Februar in einem Betrag (3.200 €). In diesem Fall müssen Sie 1.600 € auf „Sonstige Forderungen" buchen. So etwas geht im laufenden Tagesgeschäft oft unter und wird erst beim nächsten Monats- oder Jahresabschluss festgestellt.

Ausgaben abgrenzen

Buchen auf das Konto „Aktive Rechnungsabgrenzung“ (ARA) (B)

Übung 65
4 min

Der Idealfall liegt vor, wenn Sie bereits bei der Zahlung erkennen, dass ein Teil der Ausgabe ins nächste Jahr gehört.

Angenommen, Sie haben Ihre Kfz-Versicherung in Höhe von 1.200 € im Juli für zwölf Monate im Voraus bezahlt. Sie möchten diesen Auszug buchen. Wie lautet in diesem Fall der Buchungssatz?

Lösungstipp

Aufwendungen bzw. Ausgaben, die in das nächste Geschäftsjahr gehören, buchen Sie auf das Konto „Aktive Rechnungsabgrenzung ARA“.

Buchen auf das Konto „Sonstige Verbindlichkeiten“ (B)

Übung 66
4 min

Jetzt haben Sie schon drei von fünf Abgrenzungsformen kennen gelernt: PRA, Sonstige Forderungen und ARA. Für welchen Fall brauchen Sie das Konto „Sonstige Verbindlichkeiten“? Nennen Sie ein Beispiel.

Lösung 65

Ihr Buchungssatz lautet:

Kfz-Versicherung	600 €	an	Bank	1.200 €
ARA	600 €			
SKR03-0980, SKR04-1900		an	SKR03-1200, SKR04-1800	

Praxistipp

Wenn Sie das neue Geschäftsjahr eröffnen, denken Sie daran, diesen Aufwand umzubuchen. Buchung: „Aufwand an ARA".

Lösung 66

- Aufwendungen, die ins Abschlussjahr gehören, aber erst nach dem 31.12. gezahlt werden, buchen Sie auf das Konto „Sonstige Verbindlichkeiten" (Buchung: Aufwand an Sonstige Verbindlichkeiten).
- Sie haben vergessen, die Miete für November zu bezahlen, und zahlen erst nach Aufforderung Ihres Vermieters im Februar den Betrag von 1.200 € nach.

Mietaufwand	1.200 €	an	Sonst. Verbindlichkeiten	1.200 €
SKR03-4210, SKR04-6310		an	SKR03-1700, SKR04-3500	

Gemäß BFH-Urteil vom 18.03.2010 muss die Rechnungsabgrenzung erst erfolgen, wenn der Betrag über der Geringfügigkeitsgrenze von 410 € liegt.

Die richtigen Abgrenzungen finden (B)

Übung 67
4 min

- Angenommen, Sie haben im laufenden Geschäftsjahr gar nicht auf Abgrenzungen geachtet. Wie finden Sie die Einnahmen und Ausgaben, die nicht in das Wirtschaftsjahr gehören?
- Und wie finden Sie die Einnahmen und Ausgaben, die noch nicht gebucht wurden?

Rückstellungen bilden (B)

Übung 68
8 min

Rückstellungen sind Verbindlichkeiten in ungewisser Höhe, das heißt Aufwendungen, die das Abschlussjahr betreffen, für die Ihnen aber noch keine Rechnungen vorliegen.

- Wie bilden sich Rückstellungen auf Ihren Gewinn aus? Bei der Bildung?
  Bei der Auflösung (Rückstellung = Aufwand)?
  Bei der Auflösung (Rückstellung > Aufwand)?

Die Buchung von Rückstellungen lautet: Aufwand an Rückstellungen.

- Welche Konten für Rückstellungen gibt es? Nennen Sie drei Konten.

Lösung 67

- Sie müssen Ihre Sachkonten bzw. Kontoauszüge tatsächlich noch einmal ansehen, ob nicht doch etwas ins nächste Jahr gehört.
- Im ersten Quartal des nächsten Geschäftsjahres kommen sicher einige Rechnungen, die das alte Jahr betreffen. Aus diesem Grund macht man den Jahresabschluss in der Regel nicht sofort im Januar, sondern etwas später. Diese Rechnungen müssen Sie noch im alten Jahr buchen. Kontrollieren Sie alle Rechnungen, die Sie bis zur Jahresabschlusserstellung im neuen Jahr erhalten haben.

Praxistipps

- Die Umsatzsteuer ist abzuführen in dem Jahr, in dem der Auftrag abgeschlossen wurde, unabhängig vom Rechnungsdatum.
- Bei erhaltenen Anzahlungen ist die Umsatzsteuer erst bei Geldeingang abzuführen.
- Die Vorsteuer ist abzuziehen in dem Jahr, in dem die Voraussetzungen für den Vorsteuerabzug vorliegen (einwandfreie Rechnung muss vorliegen und der Auftrag muss abgeschlossen oder die Zahlung erfolgt sein).
- Bei geleisteten Anzahlungen ist für den Vorsteuerabzug neben der Zahlung die Rechnung erforderlich.

Lösung 68

- Bei der Bildung wird der Gewinn gemindert.
  Bei der Auflösung Rückstellung = Aufwand: neutral. Bei der Auflösung Rückstellung > Aufwand wird der Gewinn erhöht.
- Folgende Konten für Rückstellungen gibt es:

Bezeichnung	**SKR03**	**SKR04**
Körperschaftssteuerrückstellungen	0963	3040
Rückstellungen für Abschlusskosten	0977	3095
Rückstellungen für Gewährleistung	0974	3090
Pensionsrückstellungen	0950	3000

Die Gewerbesteuer ist steuerlich keine Betriebsausgabe mehr, § 4 Abs. 5 b EStG. Trotz dieser Änderung wird die Gewerbesteuer in der Handelsbilanz weiterhin auf folgendes Konto gebucht:

- Gewerbesteuerrückstellungen 0956/3035

Die nicht mehr abzugsfähige Gewerbesteuer wird in der Steuererklärung, außerhalb der Bilanz, dem zu versteuernden Ergebnis hinzugerechnet.

Die Auflösung von Rückstellungen buchen (B)

Übung 69
4 min

Sie hatten für die Steuerberaterrechnung eine Rückstellung in Höhe von 2.500 € gebildet. Heute kam die Rechnung über den Jahresabschluss in Höhe von 3.570 €. Wie lautet der Buchungssatz?

Lösung 69

Rückst. Abschluss	2.500 €	an	Verbindlichkeiten	3.570 €
Abschlusskosten	500 €			
Vorsteuer 19 %	570 €			

Angenommen, Sie hatten die Rückstellung zu hoch gebildet, müssen Sie den übersteigenden Betrag wie folgt buchen:

Rückstellungen (Passivkonto)	an	Erträge aus der Auflösung von Rückstellungen (Erfolgskonto)

Praxistipps

- Die Bildung der Rückstellungen übernimmt in der Regel Ihr Steuerberater. Sie haben eher mit deren Auflösung zu tun. In der Praxis geschehen hier sehr leicht Fehler, denn der Rechnungsbetrag stimmt fast nie mit der Höhe der geschätzten Rückstellung überein.
- Prüfen Sie die Rechnungen stets genau und reagieren Sie, wenn ein anderes Jahr als das, in dem Sie buchen, erwähnt ist. Denken Sie in diesem Fall an Abgrenzungen.

Anhang

SKR 03/04 Kontenrahmen (DATEV) – Auszug

Kto. Nr. SKR 03	Kto. Nr. SKR 04	Konto	Kontenart
Anlagevermögen			
0820	0001	Ausstehende Einlagen, nicht eingefordert (Aktiv)	Aktivkonto
0830	0060	Ausstehende Einlagen, eingefordert (Aktiv)	Aktivkonto
0010	0100	Konzessionen, gew. Schutzrechte u. ä. Rechte	Aktivkonto
0027	0135	EDV-Software	Aktivkonto
0035	0150	Geschäfts- oder Firmenwert	Aktivkonto
0050	0200	Grundstücke, grundstücksgleiche Rechte und Bauten	Aktivkonto
0165	0340	Geschäftsbauten	Aktivkonto
0170	0350	Fabrikbauten	Aktivkonto
0210	0440	Maschinen	Aktivkonto
0320	0520	Pkw	Aktivkonto
0350	0540	Lkw	Aktivkonto
0430	0640	Ladeneinrichtung	Aktivkonto
0420	0650	Büroeinrichtung	Aktivkonto
0480	0670	Geringwertige Wirtschaftsgüter bis 150,00 €	Aktivkonto
0485	0675	Geringwertige Wirtschaftsgüter bis 1.000,00 €	Aktivkonto
0499	0795	Anzahlungen auf andere Anlagen	Aktivkonto
0160	0740	Bauten auf fremden Grundstücken	Aktivkonto
0500	0800	Anteile an verbundenen Unternehmen	Aktivkonto
0550	0940	Darlehen	Aktivkonto
0580	0960	Ausleihungen an Gesellschafter	Aktivkonto
Umlaufvermögen			
3970	1000	Roh-, Hilfs-, u. Betriebsstoffe (Bestand)	Aktivkonto
3980	0100	Unfertige Erzeugnisse u. Leistungen (Bestand)	Aktivkonto
3980	1100	Waren (Bestand)	Aktivkonto
1510	1180	Geleistete Anzahlungen auf Vorräte	Aktivkonto
1400	1200	Forderungen aus Lieferungen und Leistungen	Aktivkonto
1460	1240	Zweifelhafte Forderungen	Aktivkonto

Kto. Nr. SKR 03	Kto. Nr. SKR 04	Konto	Kontenart
0998	1246	Einzelwertberichtigung auf Forderungen	Aktivkonto
0996	1248	Pauschalwertberichtigung zu Forderungen	Aktivkonto
1500	1300	Sonstige Vermögensgegenstände (Forderungen)	Aktivkonto
1504	1315	Forderungen gegen Vorstand und Geschäftsführer	Aktivkonto
1508	1335	Forderungen gegen sonstige Gesellschafter	Aktivkonto
1530	1340	Forderungen gegen Personal	Aktivkonto
1550	1360	Darlehen	Aktivkonto
1570	1400	Abziehbare Vorsteuer	Aktivkonto
1576	1406	Abziehbare Vorsteuer 19%	Aktivkonto
1545	1420	Umsatzsteuerforderungen	Aktivkonto
1548	1434	Vorsteuer im Folgejahr abziehbar	Aktivkonto
1549	1450	Körperschaftssteuerforderung	Aktivkonto
1360	1460	Geldtransit	Aktivkonto
1340	1500	Anteile an verbund. Unternehmen (Umlaufvermögen)	Aktivkonto
1000	1600	Kasse	Aktivkonto
1100	1700	Postgiro	Aktivkonto
1200	1800	Bank	Aktivkonto
0980	1900	Aktive Rechnungsabgrenzung	Aktivkonto
0986	1940	Damnum/Disagio	Aktivkonto
0983	1950	Aktive latente Steuern	Aktivkonto
Eigenkapital			
0870	2000	Festkapital	Passivkonto
0900	2050	Kommandit-Kapital	Passivkonto
0920	2070	Gesellschafter-Darlehen	Passivkonto
1800	2100	Privatentnahmen allgemein	Passivkonto
1880	2130	Unentgeltliche Wertabgaben	Passivkonto
1890	2180	Privateinlagen	Passivkonto
0800	2900	Gezeichnetes Kapital	Passivkonto
0860	2970	Gewinnvortrag vor Verwendung	Passivkonto
0868	2978	Verlustvortrag vor Verwendung	Passivkonto
0930	2980	Sonderposten mit Rücklagenanteil	Passivkonto
Verbindlichkeiten und Passive Rechnungsabgrenzung			
0950	3000	Pensionsrückstellungen	Passivkonto
0956	3035	Gewerbesteuerrückstellung	Passivkonto
0963	3040	Körperschaftssteuerrückstellung	Passivkonto
0969	3060	Rückstellung für latente Steuern	Passivkonto
0974	3090	Rückstellungen für Gewährleistungen	Passivkonto

Kto. Nr. SKR 03	Kto. Nr. SKR 04	Konto	Kontenart
0976	3092	Rückstellungen w. drohender Verluste	Passivkonto
0977	3095	Rückstellungen für Abschluss- und Prüfungskosten	Passivkonto
0630	3150	Verbindlichkeiten gegenüber Kreditinstituten	Passivkonto
1710	3250	Erhaltene Anzahlungen auf Bestellungen	Passivkonto
1600	3300	Verbindlichkeiten aus Lieferungen und Leistungen	Passivkonto
0730	3510	Verbindlichkeiten gegenüber Gesellschaftern	Passivkonto
1700	3500	Sonstige Verbindlichkeiten	Passivkonto
1736	3700	Verbindlichkeiten aus Betriebssteuern und -abgaben	Passivkonto
1740	3720	Verbindlichkeiten aus Lohn und Gehalt	Passivkonto
1741	3730	Verbindlichkeiten aus Lohn- und Kirchensteuer	Passivkonto
1742	3740	Verbindlichkeiten, soziale Sicherheit	Passivkonto
1770	3800	Umsatzsteuer	Passivkonto
1776	3806	Umsatzsteuer 19%	Passivkonto
1780	3820	Umsatzsteuervorauszahlungen	Passivkonto
0990	3900	Passive Rechnungsabgrenzung	Passivkonto
Erträge			
8000	4000	Umsatzerlöse	Ertragskonto
8100	4100	Steuerfreie Umsätze § 4 Nr. 8-28 UStG	Ertragskonto
8200	4200	Erlöse	Ertragskonto
8400	4400	Erlöse 19% USt	Ertragskonto
8519	4569	Provisionsumsätze 19% USt	Ertragskonto
8900	4600	Unentgeltliche Wertabgaben	Ertragskonto
8910	4620	Entnahme für private Zwecke (Waren)	Ertragskonto
8921	4645	Privatnutzung (Kfz)	Ertragskonto
8955	4695	Umsatzsteuervergütungen	Ertragskonto
8700	4700	Erlösschmälerungen	Ertragskonto
8980	4800	Bestandsveränderungen fertige Erzeugnisse	Ertragskonto
8960	4810	Bestandsveränderungen unfertige Erzeugnisse	Ertragskonto
2660	4840	Erträge aus Kursdifferenzen	Ertragskonto
8820	4845	Erlöse aus Anlagenverkäufen 19% (Buchgewinn)	Ertragskonto
2720	4900	Erträge aus Abgang Anlagevermögen	Ertragskonto
2725	4905	Erträge aus Abgang Umlaufvermögen	Ertragskonto
2735	4930	Erträge aus der Auflösung von Rückstellungen	Ertragskonto
8595	4945	Sachbezüge 19 %	Ertragskonto
Aufwendungen (Waren)			
3000	5000	Aufwendungen für Roh-, Hilfs- und Betriebsstoffe	Aufwandsk.
3200	5200	Einkauf von Waren	Aufwandsk.

Kto. Nr. SKR 03	Kto. Nr. SKR 04	Konto	Kontenart
3300	5300	Wareneingang 7% Vorsteuer	Aufwandsk.
3400	5400	Wareneingang 19% Vorsteuer	Aufwandsk.
3700	5700	Nachlässe	Aufwandsk.
3800	5800	Anschaffungsnebenkosten	Aufwandsk.
3850	5840	Zölle und Einfuhrabgaben	Aufwandsk.
3100	5900	Fremdleistungen	Aufwandsk.
Aufwendungen			
4110	6010	Löhne	Aufwandsk.
4120	6020	Gehälter	Aufwandsk.
4170	6080	Vermögenswirksame Leistungen	Aufwandsk.
4138	6120	Beiträge zur Berufsgenossenschaft	Aufwandsk.
4165	6140	Aufwendungen für Altersversorgung	Aufwandsk.
4169	6160	Aufwendungen für Unterstützung	Aufwandsk.
4822	6200	Abschreibungen auf immat. Vermögensgegenstände	Aufwandsk.
4830	6220	Abschreibungen auf Sachanlagen	Aufwandsk.
4855	6260	Sofortabschreibungen GWG bis 410 €	Aufwandsk.
4862	6264	Abschreibung GWG bis 1.000 €	Kostenkont
4880	6270	Abschreibungen auf Umlaufvermögen	Aufwandsk.
4870	7200	Abschreibung auf Finanzanlagen	Kostenkont
4900	6300	Sonstige betriebliche Aufwendungen	Aufwandsk.
4210	6310	Miete	Aufwandsk.
4230	6320	Heizung	Aufwandsk.
4240	6325	Gas, Strom, Wasser (Verwaltung, Vertrieb)	Aufwandsk.
4250	6330	Reinigung	Aufwandsk.
4360	6400	Versicherungen	Aufwandsk.
4801	6450	Instandhaltung von Bauten	Aufwandsk.
4800	6460	Instandhaltung technische Anlagen und Maschinen	Aufwandsk.
4805	6470	Instandhaltung BGA	Aufwandsk.
4500	6500	Fahrzeugkosten	Aufwandsk.
4520	6520	Kfz-Versicherungen	Aufwandsk.
4530	6530	Laufende Kfz-Betriebskosten	Aufwandsk.
4540	6540	Kfz-Reparaturen	Aufwandsk.
4595	6560	Fremdfahrzeuge	Aufwandsk.
4600	6600	Werbekosten	Aufwandsk.
4650	6640	Bewirtungskosten	Aufwandsk.
4660	6650	Reisekosten Arbeitnehmer	Aufwandsk.
4670	6670	Reisekosten Unternehmer	Aufwandsk.
4700	6700	Kosten der Warenabgabe	Aufwandsk.

Kto. Nr. SKR 03	Kto. Nr. SKR 04	Konto	Kontenart
4730	8730	Gewährte Skonti	
4910	6800	Porto	Aufwandsk.
4920	6805	Telefon	Aufwandsk.
4930	6815	Bürobedarf	Aufwandsk.
4940	6820	Zeitschriften, Bücher	Aufwandsk.
4955	6830	Buchführungskosten	Aufwandsk.
4985	6845	Werkzeuge und Kleingeräte	Aufwandsk.
4970	6855	Nebenkosten des Geldverkehrs	Aufwandsk.
2450	6920	Einstellungen in die Pauschalwertb. zu Forderungen	Aufwandsk.
2451	6923	Einstellungen in die Einzelwertb. zu Forderungen	Aufwandsk.
4990	6970	Kalkulatorischer Unternehmerlohn	Aufwandsk.
4991	6972	Kalkulatorische Miete/Pacht	Aufwandsk.
4992	6974	Kalkulatorische Zinsen	Aufwandsk.
4993	6976	Kalkulatorische Abschreibungen	Aufwandsk.
4996	6990	Herstellungskosten	Aufwandsk.
4997	6992	Verwaltungskosten	Aufwandsk.
4998	6994	Vertriebskosten	Aufwandsk.
Weitere Erträge			
2600	7000	Erträge aus Beteiligungen	Ertragskonto
2620	7010	Erträge aus anderen Wertpapieren und Ausleihungen	Ertragskonto
4870	7200	Abschreibungen auf Finanzanlagen	Aufwandsk.
2100	7303	Zinsen und ähnliche Aufwendungen	Aufwandsk.
2500	7400	Außerordentliche Erträge	Ertragskonto
2000	7500	Außerordentliche Aufwendungen	Aufwandsk.
2200	7600	Körperschaftssteuer	Aufwandsk.
4320	7610	Gewerbesteuer (Vorauszahlung)	Aufwandsk.
2213	7630	Kapitalertragssteuer	Aufwandsk.
4510	7685	Kfz-Steuer	Aufwandsk.
Abschlusskonten, Privatkonten und Sonstige Konten			
9000	9000	Saldovorträge, Sachkonten	
9990	9998	Schlussbilanzkonto	
9999	9999	Gewinn- und Verlustrechnung	
Personenkonten			
20600	20600	Kunde Müller	Debitorenk
20900	20900	Kunde Schulz	Debitorenk
70200	70200	Lieferant Dahmen	Kreditorenk
70900	70900	Lieferant Schreiber	Kreditorenk

ABC der Buchführung

Abgrenzung
Betriebs- oder periodenfremde Aufwendungen oder Erträge müssen abgegrenzt werden, um eine Verfälschung der Betriebsergebnisse zu vermeiden.

Abschreibungen
Es wird unterschieden zwischen planmäßiger, außerplanmäßiger und steuerrechtlicher Abschreibung. Bei allen Methoden werden die Anschaffungs- oder Herstellungskosten auf die geschätzte Gesamtdauer der Verwendung oder Nutzung verteilt. Üblich sind die lineare, die degressive oder die Leistungsabschreibung.

Aktivierung
Die Buchung auf der Sollseite eines aktiven Bestandskontos in der Buchführung und den Ansatz eines Aktivpostens in der Bilanz bezeichnet man als Aktivierung.

Aktivkonto
Bestandskonto in der Finanzbuchhaltung. Es ist ein Vermögenskonto und wird über die Schlussbilanz abgeschlossen.

Anhang
Kapitalgesellschaften müssen in ihrem Jahresabschluss neben der Bilanz und der Gewinn- und Verlustrechnung in einem Anhang Erläuterungen zu den Posten der Bilanz und der GuV machen. Je nach Größe der Gesellschaft sind noch weitere Angaben nötig (z. B. ausstehende Einlagen, Sonderposten mit Rücklagenanteil).

Anlagenbuchführung
Das Anlagevermögen eines Unternehmens besteht aus Sachanlagen, Finanzanlagen und immateriellen Vermögensgegenständen. Die A. erfasst die Sachanlagen eines Unternehmens und führt diese so lange auf, wie sie im Unternehmen enthalten und eingesetzt sind. Ein Anlagespiegel mit einer Übersicht der Abschreibungen und des Restwertes gehört in den Anhang zur Bilanz.

Anschaffungskosten
Aufwendungen, die geleistet werden müssen, um ein Wirtschaftsgut zu erwerben und in betriebsbereiten Zustand zu versetzen (Kaufpreis + Bezugs- und Nebenkosten).

Aufbewahrungsfristen
Buchführungsunterlagen müssen innerhalb bestimmter Fristen aufbewahrt werden (§ 257 HGB). Seit 2000 beträgt die Frist für alle Unterlagen der Buchhaltung (Handelsbücher, Lageberichte, Konzernabschlüsse und -lageberichte, Buchungsbelege) 10 Jahre.

Aufwendungen
Minderungen des Betriebsvermögens. Sie sind aus betrieblicher Veranlassung entstanden und dem aktuellen Geschäftsjahr zuzurechnen, zu dem sie gehören.

Ausgaben
Geschäftsvorfälle, die das Geldvermögen des Betriebes verändern. Ihnen stehen die Einnahmen gegenüber.

Außerordentliche Erträge
Erträge, die außerhalb der gewöhnlichen Geschäftstätigkeit anfallen. Sie beruhen auf Ereignissen, die ungewöhnlich in der Art sind und selten vorkommen. Dazu gehören u. a.: Erträge aus dem Verkauf von Betriebsteilen oder von Beteiligungen.

Beleg
Ein Schriftstück, das dem zu buchenden Geschäftsvorfall zugrunde liegt und dieses „belegt".

Bestandskonten
Sie entstehen aus der Auflösung der Bilanz zu Beginn eines Geschäftsjahres und nehmen deren Anfangsbestände auf.

Bestandsveränderungen
Die Umsatzerlöse einer Periode von Herstellungsbetrieben entsprechen nicht den gesamten betrieblichen Leistungen. Es sind auch die Bestandsveränderungen bei Beständen an noch nicht verkauften

eigenen Erzeugnissen zu berücksichtigen. Wurde mehr verkauft, als an produzierten Waren ins Lager genommen wurde, kommt es zu einer negativen (Lagerbestand wurde abgebaut), wurde weniger verkauft, als an produzierten Waren ins Lager genommen wurde, kommt es zu einer positiven Bestandsveränderung (Lagerbestand wurde aufgebaut).

Betriebsergebnis
Das Betriebsergebnis ist die Leistung einer definierten Periode und ergibt sich aus der Gewinn- oder Verlustrechnung.

Bilanz
Aus dem Italienischen bilancia = Gleichgewicht der Waage. Die Gegenüberstellung des Vermögens und der Schulden eines Kaufmanns oder Betriebes. Sie wird zu Beginn des Handelsgewerbes sowie zu jedem Ende eines Geschäftsjahres aufgestellt. Die Bilanz wird in der Form eines T-Kontos aufgeführt. Die linke Seite heißt Aktiva und enthält das Vermögen, die rechte Seite heißt Passiva und enthält die Schulden. Man sagt auch: Die Passivseite zeigt die Mittelherkunft, die Aktivseite die Mittelverwendung an.

Bilanzgliederung
Bilanzen müssen nach bestimmten Ordnungskriterien gegliedert werden; diese richten sich nach den Grundsätzen ordnungsmäßiger Buchführung (GoBD). Kapitalgesellschaften müssen sich an die gesetzlichen Vorschriften (§ 266 HGB) halten.

Buchung
Das schriftliche Festhalten eines Geschäftsvorfalls auf den Konten. Es werden bei der doppelten Buchhaltung immer mindestens zwei Konten berührt.

Debitoren
Alle Schuldner des Unternehmens (Forderungen). Sie werden in der Debitorenbuchhaltung verwaltet.

Eigenkapital
Anteil des vom Unternehmer ins Unternehmen selbst eingebrachten Vermögens (bei Personengesellschaften) bzw. das Betriebsvermögen (bei Kapitalgesellschaften).

Eigenleistungen
Aufwendungen des eigenen Betriebes zur Herstellung eines Wirtschaftsgutes, welches nicht für die Veräußerung bestimmt ist, sondern zur Nutzung im eigenen Betrieb.

Einnahmen
Durch Einnahmen wird das Geldvermögen eines Unternehmens verändert. Ihnen stehen die Ausgaben gegenüber.

Entnahmen
Wirtschaftsgüter, die der Steuerpflichtige dem Betrieb entnimmt (Barmittel, Waren oder Leistungen), zählen zu den Entnahmen und müssen als Einkünfte versteuert werden (§ 4 EStG).

Erfolgskonten
Auf ihnen werden die Aufwendungen und Erträge im Laufe des Geschäftsjahres gebucht (Aufwands- und Ertragskonten). In der Gewinn- und Verlustrechnung erscheinen die Salden dieser Konten wieder als Aufwendungen und Erträge.

Erträge
Der in Geld bewertete Wertzugang in einer Periode. Sie erhöhen das Reinvermögen eines Unternehmens.

Forderungen
Bezeichnen das Recht von einem anderen, aufgrund eines Schuldverhältnisses eine Leistung zu fordern (§ 241 BGB).

Geringwertige Wirtschaftsgüter
Die Anschaffungs- oder Herstellungskosten von beweglichen Wirtschaftsgütern des Anlagevermögens können dann vollständig im Jahr der Anschaffung abgeschrieben werden, wenn der Wert des

einzelnen Wirtschaftsgutes 150 € nicht übersteigt und es selbständig nutzbar ist.

Geschäftsjahr
Ein Zeitraum, der die Dauer von 12 Monaten nicht übersteigen darf und nicht zwingend mit dem Kalenderjahr identisch sein muss. Ein kürzerer Zeitraum wird dann akzeptiert, wenn bei Betriebsbeginn eine Anpassung an einen anderen Zeitraum erfolgen soll oder der Betrieb aufgelöst wird.

Gewinn- und Verlustrechnung
Eine Gegenüberstellung der Aufwendungen und Erträge eines Geschäftsjahres. Sie bildet zusammen mit der Bilanz den Jahresabschluss.

Herstellungskosten
Aufwendungen, die durch den Verbrauch von Gütern und die Inanspruchnahme von Diensten entstehen. Sie setzen sich zusammen aus den Einzelkosten der Fertigung und den Fertigungsgemeinkosten.

Inventar/Inventur
Zu Beginn des Handelsgewerbes und zum Schluss eines jeden Geschäftsjahres hat jeder Kaufmann sein Vermögen und seine Schulden genau zu verzeichnen. Den Vorgang nennt man Inventur, die tabellarische Auflistung das Inventar.

Jahresabschluss
Dieser besteht aus der Bilanz und der Gewinn- und Verlustrechnung (GuV). In manchen Fällen (z. B. bei Kapitalgesellschaften) gehört noch ein zusätzlicher Anhang und Lagebericht zum Jahresabschluss.

Kontenplan
Auf Basis eines Kontenrahmens bestehende Auflistung aller in einer Buchhaltung benutzten Konten.

Kontenrahmen
Ein Kontenrahmen ist ein Organisations- und Gliederungsplan für das Rechnungswesen. Diese Kontenrahmen liegen heute in standardisierten Formen vor (z. B. GKR, IKR, SKR 01, SKR 02).

Konto
Aus dem Italienischen (conto = Rechnung). Zweiseitige Aufstellung, auf der die einzelnen Geschäftsvorfälle gebucht werden. Die linke Seite wird als Soll-Seite, die rechte Seite als Haben-Seite bezeichnet. Zu- und Abgänge werden immer auf verschiedenen Seiten dargestellt.

Kreditoren
Unter dem Begriff Kreditoren werden alle kreditgewährenden Gläubiger zusammengefasst. Den größten Teil machen in einem Unternehmen die kreditgewährenden (Waren-)Lieferanten aus. Sie werden in der Kreditorenbuchführung verwaltet.

Lagebericht
Gehört bei Kapitalgesellschaften neben Jahresabschluss und Anhang zu den Abschlussunterlagen. In ihm sind Angaben zum Geschäftsverlauf und zur Lage des Unternehmens zu machen.

Lagerbuchhaltung
Nebenbuchhaltung, die eine Übersicht über (Waren-)Bestände und deren Veränderung führt.

Materialaufwand
Eine Position in der Gewinn- und Verlustrechnung, die nach dem Gesamtkostenverfahren aufgestellt wird. Darin sind alle Materialaufwendungen ausgewiesen, die mit den Umsatzerlösen wirtschaftlich zusammenhängen.

Neutrale Aufwendungen
Sie dienen nicht dem eigentlichen Betriebszweck. Es gehören dazu: betriebsfremde und außergewöhnliche Aufwendungen.

Neutrale Erträge
Sie entstehen nicht durch den eigentlichen Betriebszweck. Darunter fallen u. a. Steuererstattungen aus dem Vorjahr (periodenfremde), Erträge aus Beteiligungen (betriebsfremde), Gewinn aus dem Verkauf eines Anlagegutes (außerordentlich).

Passivierung
Die Buchung auf der Haben-Seite eines passiven Bestandskontos in der Buchführung und den Ansatz eines Passivpostens in der Bilanz bezeichnet man als Passivierung.

Passivkonto
Bestandskonto in der Finanzbuchhaltung. Ein Passivkonto ist ein Schuldenkonto, es wird über das Schlussbilanzkonto abgeschlossen.

Personenkonten
Unterkonten der Bilanzkonten, Verbindlichkeiten sowie Forderungen aus Lieferungen und Leistungen. Man nennt sie auch Kreditoren und Debitoren.

Privatentnahmen
Eine Privatentnahme liegt vor, wenn der Unternehmer Wirtschaftsgüter aus dem betrieblichen in den privaten Bereich überführt.

Privatkonto
Bei Einzelfirmen und Personengesellschaften werden für den Einzelunternehmer bzw. die vollhaftenden Gesellschafter Privatkonten geführt. Auf diesen werden alle Einlagen und Entnahmen gebucht.

Rechnungsabgrenzung
Als Rechnungsabgrenzung sind auf der Aktivseite Ausgaben vor dem Abschlussstichtag auszuweisen, soweit sie Aufwendungen für eine bestimmte Zeit nach diesem Tag darstellen. Auf der Passivseite sind Einnahmen vor dem Abschlussstichtag auszuweisen, soweit sie Erträge für eine bestimmte Zeit nach diesem Tag darstellen.

Rücklagen
Kapitalgesellschaften bilden aus rechtlichen oder betriebswirtschaftlichen Gründen aus Kapital oder Gewinn Rücklagen zur Deckung noch nicht entstandener Verbindlichkeiten, z. B. um etwaige künftige Jahresverluste auszugleichen. Offene Rücklagen werden als Bestandteil des Eigenkapitals in der Bilanz ausgewiesen. Stille Rücklagen entstehen durch eine Unterbewertung der Aktiva oder eine Überbewertung der Passiva und erscheinen nicht in der Bilanz.

Rückstellungen
Rückstellungen sind Verbindlichkeiten, deren Fälligkeit und Höhe ungewiss sind. Ausgaben und Verluste, die wirtschaftlich das abgelaufene Jahr betreffen, werden durch die Bildung von Rückstellungen periodengerecht abgegrenzt. Es erfolgt keine endgültige Gewinnkorrektur, sondern lediglich eine Gewinnverlagerung auf das Jahr, das wirtschaftlich mit diesem Aufwand belastet werden soll.

Skonto
Für die Zahlung einer Rechnung innerhalb einer bestimmten Frist wird oftmals ein Abzug gewährt, der Skonto genannt wird. Damit soll ein Anreiz zur frühzeitigen Zahlung gegeben werden.

Sonstige Forderungen
Bei den Sonstigen Forderungen erfolgt der Ertrag im alten Jahr, während die Einnahme erst im neuen Jahr erfolgt.

Sonstige Verbindlichkeiten
Bei den Sonstigen Verbindlichkeiten handelt es sich um Aufwendungen, die im alten Jahr entstanden sind und deren Zahlung erst im neuen Jahr erfolgt.

Stornobuchung
Unter einer Stornobuchung versteht man das Rückgängigmachen einer Buchung. Dabei muss die ursprüngliche Buchung kenntlich bleiben. Am sichersten ist es, die Stornobuchung in der Form einer Umbuchung zu realisieren. Dabei wird die ursprüngliche Buchung mit umgekehrtem Buchungssatz wiederholt.

Umsatzsteuer

Die Umsatzsteuer wird auf jeder Wirtschaftsstufe auf eine Ware oder eine Leistung erhoben. Durch den Vorsteuerabzug der Umsatzsteuer, die auf einer Vorstufe entstanden ist, wird jeweils nur der Mehrwert der Ware oder Leistung besteuert. Daher auch die Bezeichnung „Mehrwertsteuer". Als Verbrauchersteuer ist die Umsatzsteuer für die Unternehmen erfolgsneutral.

Unentgeltliche Wertabgabe

Unentgeltliche Wertabgabe (Eigenverbrauch) liegt vor, wenn Gegenstände aus dem Unternehmen für Zwecke entnommen werden, die außerhalb des Unternehmens liegen, oder wenn Aufwendungen getätigt werden, die unter das Abzugsverbot bestimmter Vorschriften des Einkommensteuergesetzes fallen (§ 4 EStG).

Stichwortverzeichnis

Abgrenzung 234
Abgrenzungen 99
Abschluss T-Konten 169
Abschlussbuchungen 78
Abschreibungen 92, 219, 243
 von Forderungen 108, 226
Abschreibungskonten 222
Abweichung
 beim Materialbestand 224
 beim Warenbestand 224
AfA 92
AKTIVA 31
Aktive Rechnungsabgrenzung 232
Aktivierung 243
Aktivierungspflichtige Steuern 68
Aktivkonten 161, 243
Aktiv-Passivmehrung 175
Aktiv-Passivminderung 175
Aktivtausch 175
Anfangsbestände 37
Anhang 243
Anlagenbuchführung 243
Anschaffung Maschine 186
Anschaffungskosten 244
Aufbewahrungsfristen 244
Auflösung von Rückstellungen 237
Aufwandskonten 55
Aufwandsteuern 68
Aufwendungen 244
Ausgaben 244
Außerordentliche Erträge 244
Beleg 18, 244
Bestandskonten 36, 47, 161, 244
Bestandsveränderungen 244
Betriebsergebnis 245
Bewertungen 105
Bewertungsprinzipien 108
Bilanz 121, 125, 131, 245
Bilanzerstellung 107
Bilanzgliederung 245
Bonus 77, 209
Buchen 47
Buchführungsprogramm 167, 171, 205
Buchung 245
 im Haben 149
 im Soll 149
Buchungskreislauf 50
Buchungssatz 44, 149, 151, 165
Dauerfristverlängerung 62
Debitoren 181, 245
Dialogbuchen 22, 171
Doppelte Buchführung 13, 121, 147
E-Bilanz 24
Eigenkapital 246
Eigenleistungen 246
Eigenverbrauch 215, 251
Einfache Buchführung 135
Einnahmen 246
Einnahme-Überschussrechnung 123, 129, 133
Entnahmen 246
Erfolgskonten 39, 54, 246
Erlöse 188
Eröffnungsbilanz 30, 159, 163
Eröffnungsbilanzkonto 38
Eröffnungsbuchungen 159
Erträge 246
Ertragskonten 55
Firma anlegen 156
Forderungen 246
Geldtransit-Konto 198
Geringwertige Wirtschaftsgüter 246
Geschäfts- oder Finanzbuchhaltung 8
Geschäftsentwicklung 173
Geschäftsjahr 247

Geschäftsjahr abschließen 169, 217
Gewinn 110
Gewinn- und Verlustrechnung 14, 121, 131, 247
Gewinne buchen 111
Gewinnermittlung 14, 29, 121
Grundbuch 16
Grundsätze 12
Gutschrift 211
GuV *siehe Gewinn- und Verlustrechnung*
Haben 35
Hauptbuch 17
Herstellungskosten 247
Inventar 247
Inventur 26, 78, 127, 247
Istversteuerung 194
Jahresabschluss 113, 247
Kalkulation 70
Kaufmann 11
Kennzahlen 113
Konten 34, 72, 145
Kontenarten 131, 139, 143
Konteneröffnung 165
Kontennummern 42
Kontenplan 247
Kontenrahmen 39, 153, 248
Konto 248
Kontonummern 157
Körperschaftssteuer 69
Kosten- und Leistungsrechnung 8
Kreditoren 181, 248
Lagebericht 248
Lagerbuchhaltung 248
Liquidität 115
Lohn 203
Materialaufwand 248
Materialeinkauf 200
Nebenkosten 74
Neutrale Aufwendungen 248
Neutrale Erträge 249
PASSIVA 31
Passive Rechnungsabgrenzung 228
Passivierung 249
Passivkonten 161, 249
Passivtausch 175
Personalbuchungen 85
Personenkonten 249
Personensteuern 68
Privatentnahme 213, 249
Privatkonto 88, 249
Rabatt 77, 209
Rechnungsabgrenzung 228, 232, 249
Rechtsvorschriften 10, 60
Rückbuchungen 81
Rücklagen 250
Rücksendungen 76
Rückstellungen 99, 234, 250
Skonto 79, 209, 250
Soll 35
Sollversteuerung 194
Sonderabschreibungen 96
Sonstige Forderungen 66, 230, 250
Sonstige Verbindlichkeiten 66, 250
Stapelbuchen 22, 171
Stornobuchung 250
T-Konten 35, 165, 177
Umsatzsteuer 59, 183, 190, 251
Umsatzsteuerpflicht 61
Umsatzsteuer-Voranmeldung 190
Unternehmenssteuern 67
Vermögenssteuer 69
Vorsteuer 59, 183, 190
Warenbewegungen 73
Warenein- und -verkauf 201
Warenverkehr 70
Wechsel 82
Werteveränderungen 52

Bibliografische Information der Deutschen Nationalbibliothek
Die Deutsche Nationalbibliothek verzeichnet diese Publikation in der Deutschen Nationalbibliografie; detaillierte bibliografische Daten sind im Internet über http://dnb.dnb.de abrufbar.

Print: ISBN 978-3-648-08108-2 Bestell-Nr. 01301-0004
ePDF: ISBN 978-3-648-08109-9 Bestell-Nr. 01301-0153

Horst-Dieter Radke, Iris Thomsen
Buchführung
4. Auflage 2016

Redaktionsanschrift: Fraunhoferstraße 5, 82152 Planegg/München
www.haufe.de
online@haufe.de
Lektorat: Jürgen Fischer
Redaktionsassistenz: Christine Rüber

Umschlaggestaltung: Kienle gestaltet, Stuttgart
Umschlagentwurf: RED GmbH, 82152 Krailling
Satz: Agentur: Satz & Zeichen, Karin Lochmann, 83071 Stephanskirchen
Druck: Beltz Bad Langensalza GmbH, 99947 Bad Langensalza

Zur Herstellung der Bücher wird nur alterungsbeständiges Papier verwendet.

Die Autoren

Horst-Dieter Radke

ist selbstständig als Berater, Projektleiter und Seminarleiter tätig und war viele Jahre in der Geschäftsführung einer Großhandelsgenossenschaft tätig. Zahlreiche Veröffentlichungen in den Gebieten Betriebswirtschaft und Informatik. Von ihm stammt der erste Teil des Buches (S. 6 bis 116).

Iris Thomsen

ist Betriebswirtin mit jahrelanger Erfahrung in Steuerberatungskanzleien und Industriebetrieben. Sie ist selbstständig und betreut kleine und mittelständische Unternehmen. Ihr Wissen gibt sie sowohl als Referentin als auch als Autorin weiter. Von ihr stammt der zweite Teil des Buches (S. 117 bis 237).

Weitere Literatur

„Lexware buchhalter® training 2015", von Iris Thomsen,
287 Seiten, € 24,95.
ISBN 978-3-648-06548-8, Bestell-Nr. 01061

„Schnelleinstieg Finanzbuchhaltung – mit Arbeitshilfen online", von Danuta Ratasiewicz. 286 Seiten, mit CD-ROM, € 24,95.
ISBN 978-3-648-03664-8, Bestell-Nr. 01033

Haufe TaschenGuides

Kompakt, günstig und einfach praktisch

Soft Skills

- Auftanken im Alltag
- Burnout
- Downshifting
- Emotionale Intelligenz
- Entscheidungen treffen
- Gedächtnistraining
- Gelassenheit lernen
- Gewaltfreie Kommunikation
- Körpersprache
- Lampenfieber und Prüfungsangst besiegen
- Lernen aus Fehlern
- Manipulationstechniken
- Menschenkenntnis
- Mit Druck richtig umgehen
- Mobbing
- Motivation
- Mut
- NLP
- Optimistisch denken
- Potenziale erkennen
- Psychologie für den Beruf
- Resilienz
- Selbstmotivation
- Selbstvertrauen gewinnen
- Sich durchsetzen
- Soft Skills
- Stress ade

Jobsuche

- Arbeitszeugnisse
- Assessment Center
- Jobsuche und Bewerbung
- Vorstellungsgespräche

Management

- Agiles Projektmanagement
- Aktivierungsspiele für Workshops und Seminare
- Besprechungen
- Checkbuch für Führungskräfte
- Compliance
- Delegieren
- Führen in der Sandwichposition
- Führungstechniken
- Konflikte erfolgreich managen
- Konflikte im Beruf
- Mitarbeitergespräche
- Mitarbeitertypen
- Moderation
- Neu als Chef
- Personalmanagement
- Projektmanagement
- Selbstmanagement
- Spiele für Workshops und Seminare
- Teams führen
- Virtuelle Teams
- Workshops
- Zeitmanagement
- Zielvereinbarungen und Jahresgespräche

Wirtschaft

- ABC des Finanz- und Rechnungswesens
- Balanced Scorecard
- Betriebswirtschaftliche Formeln
- Bilanzen
- BilMoG
- BWL Grundwissen
- Buchführung
- BWL kompakt
- Controllinginstrumente
- Deckungsbeitragsrechnung
- Einnahmen-Überschussrechnung
- Englische Wirtschaftsbegriffe
- Finanz- und Liquiditätsplanung
- Finanzkennzahlen und Unternehmensbewertung
- Formelsammlung Wirtschaftsmathematik
- IFRS
- Kaufmännisches Rechnen
- Kennzahlen
- Kontieren und buchen
- Kostenrechnung